民舞に恋して

民俗舞踊を子どもたちに

園田洋一［著］
東京民族舞踊教育研究会［編］

新日本出版社

和光鶴川小

小　学

表紙写真　大森み神楽（岩手県・五年生）
裏表紙写真　鶴小エイサー（沖縄県・六年生）
2〜7ページ　グラビア写真
アイヌの踊り（北海道・一年生）
馬乗者［うまぬしゃ］（沖縄県・二年生）
寺崎はねこ踊り（三年生）
中野七頭舞［なかのななずまい］（四年生）
大森み神楽［おおもりみかぐら］（五年生）
鶴小エイサー（六年生）

撮影・萱野勝美
黒木　啓

はじめに

（1）「民舞」とは、その魅力

学校教育の中に「民舞《みんぶ》」という言葉があります。民族舞踊または民俗舞踊の略です。主に日本各地に伝承されている伝統芸能である舞踊を教材化し、子どもたちに伝えている活動のことを示しています。民舞の実践は幼稚園、保育園から小学校、中学校、高校、大学と幅広く、また体育、音楽、学級活動、運動会の団体演技、劇や表現活動の中で、学習発表としてなど、扱う場面も様々です。民舞を教育活動の中で扱うことを「民舞教育」ともいいます。文科省なり民間なりのどこかが定義したわけではありませんから、それに関わる教師によってとらえ方は様々です。学習指導要領に規定されているわけでもありませんから、民舞教育を実践している学校もあるし、そうでない学校もあります。そのスタイルは実践している教師の数ほどあります。民舞の好きな教師は、各地のお祭りに足を運んだり、保存会や講習会に参加したりして実践してきました。そして民舞はこの半世紀近く、全国の学校の中で子どもにも教師にも歓迎され、脈々と実践が続けられ、民舞大好きな子どもたちがたくさん育っていきました。

子どもたちはどうして民舞が好きなのでしょう。まとめると次の理由が考えられます。

第一に民舞は教科と違って、「できる」「できない」を評価しません。テストもありません。できないからと

荒馬を踊る５歳児（和光鶴川幼稚園）

いって差別されたり、選別されたりすることもありません。民舞はだれもが参加でき、だれもが楽しむことのできるものです。

第二に、私たちは子どもたちに民舞を指導しますが、その後「どう踊るか」は子どもたちのものです。民舞には踊りのおはやしを自分の体で受け止め、自分の身体を通して、自分らしい表現をする自由と心地よさがあります。人と人とが作りだす芸能は、相互関係の中で表現されます。その楽しさを味わうことができます。体丸ごとで感じたことを自分なりに表現できることは喜びです。

第三に、みんなで踊る、共に踊る楽しさが民舞にあります。子どもたちの中に、自然に「踊る会」などの自主練習が始まったり、教えあいや学びあいが生まれたりする中で「踊る仲間」の輪が広がります。一人ひとりの踊りの表現が仲間によって認められます。民舞は人と人とを豊かに結びます。

第四に、民舞の向こう側にある、地域が見えてきます。地元で本物に出会うと、子どもたちの中に、文化を伝承してきた人々へのあこがれの気持ちが育っていきます。学校の中で行われる学習活動は、子どもたちの生きている社会や生活とつながって学んでこそ生きた力として子どもの中に育っていくと私たちは考えています。社会科や総合学習などでは地域のことを取り上げますが、その地域に伝わる民俗舞踊については、その文化的な価値は認められても、学校教育の中で取り上げられることはあまりありませんでした。

第五に、民舞は子どもたちの中に自信を育てます。民舞にあこがれを持ち、主体的に練習に参加し、そして出来るようになると、大きな達成感と充実感が得られる。それを通して「難しいと思った踊りが自分も踊れるようになった」という自信になります。

　踊ることを通して子どもたちはしなやかな身体と心を育てていくだけでなく、文化の伝承者として、次の世代に踊り文化を伝えていく主体者として成長します。中には、地元とつながり保存会の一員になったり、仲間と共に民俗芸能の団体を組織したりする子どもたちも出てきます。

（2）民俗舞踊教育のあけぼの

　一九六三年、岩手県下《しも》閉《へ》伊《い》郡《ぐん》岩泉町《いわいずみちょう》にある岩泉高校の一人の体育教師が、ダンスの授業の中で日本の踊りをとても嫌う生徒たちを前にぼうぜんとしていました。その教師の名前は、小野寺澄子。新卒三年目の元気な女性教師です。学生時代はフォークダンス部で活躍し、ダンスの指導にはことのほか意欲と自信を持っていました。

　岩泉町といえば、現在では有名な中野《なかの》七頭舞《ななずまい》を始め、様々な七頭舞（ななつもの、七つ舞などとも呼ばれている）や神楽《かぐら》、鹿踊《ししおど》り、さんさ踊りなどが保存されている民俗芸能の宝庫のような地域です。そのような地域で、しかもダンスを得意とする自分が、生徒たちと共に「日本の踊り」に取り組もうとした矢先、彼らの反応に戸惑うばかりだったのです。

民間の教育研究団体に所属していた小野寺先生は、そこで他の学校の先生たちと熱心に体育の教材研究をしてきましたが、ダンスの授業に「日本の踊り」を取り入れようとしたのは何故でしょう。実は球技などは熱心に参加する生徒たちも「今度はダンスをやります」というと「エー」「ヤダー」という否定的な反応がいつもあったのです。小野寺先生は自分の実践力が足りないからだと思って、研究会でもダンスの相談をしていたのでした。そんなとき研究会の助言者から、「先生はどうして外国のダンスばかりやっているのですか。日本人は日本語を話すのに、日本の踊りは踊らない、日本の歌は歌わない。先生の地域には歌い、踊り継がれてきた文化があるのではないですか」と問われ、はっとさせられたといいます。

この研究会所属のダンスを専門とする教師たちの中で、この当たり前の疑問が大きな課題になりました。長い間、学校教育の中に「ダンス」は位置づいてきましたが、「日本の踊り」という発想はまったくなかったのです。

小野寺先生は、岩手県そして岩泉にいながら、この地域に伝わる「踊り」をまったく知らない自分を発見したのでした。そして生徒たちからの拒否。でも、ここに暮らす生徒たちのまわりにきっと教材があるはずだ。先生は、生徒たちと共に調査を始めました。夏休みがあけると最初の体育の時間に調べてきたことを発表しました。生徒はとても意欲的に、しかもいろいろな芸能を調べてきました。中には大きな太鼓を持ち込んで、覚えてきた踊りを踊ってくれたグループもありました。一番多かったのは「さんさ踊り」でした。他にも「鹿踊り」、「ななつもの」「甚句《じんく》」「道化」など多様でした。生徒たちに、何に取り組みたいか希望を取ると、やはり「さんさ踊り」が圧倒的でした。生徒たちが調べ、覚え、持ち込み、発表をして、そしてみんなで踊る。この自主的な活動の中で、生徒たちの「日本の踊り」への向かい方が大きく変化しました。そして、踊り終わったあと「こんなに新鮮な気持ちで踊ったのははじめてです」とつぶやいたのです。生徒を変えたものは何か。

小野寺先生は「自分たちの住んでいる地域に、こんな素敵な芸能があること。そのことを誇りとして、伝承している人々がいる。」そのことに気づいたからではないかといっています。（『民舞の子～教育に日本の踊りを～』小野寺澄子著〈岩手出版〉より）

小野寺先生の思いは、多くの体育教師の中に共感として広がっていき、一九六八年、東京の中学、高校の体育教師を中心に二〇名の仲間が集まり「日本の踊りを日本の子どもたちに」を合言葉に、東京民族舞踊教育研究会（東京民舞研）が創立されました。その後、岩手、岡山、大阪、北海道、宮城など各地に「民舞研」が発足し、民舞の実践は、中学、高校から始まり、小学校や保育園、幼稚園など全国に広がっていったのでした。

（3）私と民舞との出会い

私がはじめて民舞に出会ったのは、北海道教育大学時代、ある集会で北海道大学民謡研究会「わだち」の学生が「ソーラン節」を踊って見せてくれた時でした。それまで「日本の踊り」といえば、お座敷で踊る民謡舞踊か、盆踊りで婦人会が踊る歌謡舞踊しか知りませんでしたから、とても新鮮で、夜遅くまで夢中で教えてもらいました。ところがスポーツならいろいろと経験し、体もよく動く私でしたが、ソーラン節を習った時は、まったくその動きについていけず、すっかり自信を失ってしまいました。二度目の出会いは、愛知県で開かれた教育系学生の全国集会で、名古屋大学民族舞踊団「音舞」のみなさんが、私たちが帰る列車に向かいのホームから、これもまたソーラン節を踊って送ってくれたことで、その感動と共に忘れられない思い出です。一九七五年ごろのことです。どちらも私が「民舞に恋した」きっかけですが、当時はまったくの「片思い」でした。

その後、私立和光学園の臨時教員として、三度民舞に出会うことになりました。和光中学は地域の人たちを招いて、毎年夏に生徒会主催の盆踊り会を開いていました。父母たちが縁日に見るような屋台を出してくれて、思春期真っ只中の生徒たちが秩父音頭（埼玉県）や春駒（岐阜県）などの伝統的な盆踊りを実に軽快に踊っていて、驚いたものでした。その合間に有志の生徒が「さんさ踊り」と「みかぐら」（共に岩手県）を披露してくれました。この踊りを見てさらに驚きました。日本の踊りの中に、これほど躍動的で魅力的な踊りがあるのか、まるで洋舞を見ているようでした。これもまた私の「日本の踊り」観を揺さぶられる出来事でした。一九七八年のことです。この生徒たちが踊る「さんさ踊り」と「みかぐら」に、また私は恋してしまい、あこがれとして心に刻まれたのです。同時に、多感な思春期の中にあっても、堂々と自信たっぷりに踊りを披露する和光中学校の生徒たちを見て、生き生きとした表現を作り出す「民舞の魅力」とはどこにあるのか、私の大きな関心事となったのです。

翌年、私は同じ学園内の和光小学校に正式採用されました。秋の運動会では、団体演技としてこの学校でも民舞を発表しています。低学年は「かんちょろりん節（福島県相馬《そうま》地方）」、中学年は「ソーラン節（北海道）」、高学年は「都南《となん》さんさ踊り（岩手県）」。高学年の担任になった私は、いきなりあのあこがれの「さんさ踊り」を子どもたちに指導する立場に立たされたわけです。

（4）地元で民舞の魅力に出会ってほしい

そして「民舞に恋した私」は四〇年近く関わってきました。詳しくは第一部で触れています。この間、私と

秩父音頭を踊る中学生（和光中学校盆踊り）

同じように「民舞に恋した」たくさんの仲間たちと出会ってきました。その民舞に出会ってきた頃の先輩や、共に地元に出向き、共に実践を作ってきた仲間たちも次々に現職から退き、長く地元で芸能の伝承を続け、私たちとのつながりを作ってきた方たちも若い人たちに引き継ぐようになりました。私もあと数年で引退が見えてきた今、学校や園の中で民舞が歩んできたこれまでと、地元とのつながりを残しておかないと、後に残らないという思いからこの本をまとめることにしました。

この本は民族舞踊教育を解説するものでもなく、私の民舞教育の実践を記すことを主な目的としたものでもありません。今、日本にある優れた文化遺産である伝統芸能＝民俗舞踊を学校で取り入れているところがあり、それはなぜなのか。その魅力はどこにあるのか。学校教育関係者でなくても、「日本の踊りを日本の子どもたちが踊る」ことの今日的な意味に興味と関心を持っていただき、もしここに登場する踊りの地元を訪れる機会があれば、立ち寄っていただき、多くの方が民舞に恋してほしいと願っています。

目次

民舞に恋して——民俗舞踊を子どもたちに——

この本を、故・平野正美さん、故・黒木啓さん、故・萱野勝美さんにおくります。

第一部

「民俗舞踊教育」と和光学園での民舞の実践

「かんちょろりん」（福島県相馬地方、和光小学校一年生
1975年頃）

第一章　「民舞」指導への疑問と「民俗舞踊」との出会い

民舞は、その地元で年寄りから若者へ日々のくらしや祭りの準備の中で伝承され、そこで生活する人々は生まれたときから、おはやしを耳にし、幼い頃からその動きを目に焼きつけ、食べることや寝ることと同じように、生活の中に当たり前に存在するものでした。

私たち外部の者にとって、民舞は自分たちの生活や経験の中にはない未知の存在です。だからこそ、それに出会うと新鮮な感動があるのだと思います。ただ、その感じ方は様々で、私のように民舞に恋するように心を動かす人とそうでない人がいます。そのちがいはよくわかりませんが、たぶん一人ひとりのそれまで生きてきた環境や、それぞれが生まれながらに持っている感覚や感性のちがいなのかもしれません。

北大「わだち」や名古屋大「音舞」、そして和光中学生の民舞に感動した私は、自分でも「踊りたい」「踊れるようになりたい」と強く願うようになったのです。

（1）和光小学校での民舞との出会いと戸惑い

私は「あこがれの民舞」に再び和光小学校で出会うことになりました。しかもいきなり高学年担任とし

② この委員会では

(イ) 練習の計画や目標について競技係のかべ先生の報告・ていあんを討議したり、目標を決定・点検したり、指導についての意見交流をしたりする。

(ロ) 競技についておこったあらゆるトラブルをこの会議にかけて話し合い解決する。

6. 運動会総括をどうするか。

運動会の準備と本番のとりくみをそのままほうりっぱなしにしたり、それぞれの学級で総括するだけでなく、全校集会でまとめを行うこととする。そのために

① 学級代表者会議は、次の点について代表者会議としての原案をつくる。

(イ) リーダー学級、係学級の仕事はやりとげられたか。

(ロ) 委員会の仕事はやりとげられたか。

(ハ) 目標はどうやりとげられたか。

(ニ) その他来年のために明らかにしておく問題

② 全校総会はこの原案を討議する。

―――― 運動会プログラム ――――

午前の部（9：00〜12：00）

Ⅰ 開会式

1. 入場
2. 開会のことば
3. 優勝カップ返還
4. 校長の話
5. 紅リーダーのことば
6. うた
7. 応援合戦

Ⅱ 演技

1.	準備運動	全員
2.	40mハードル	5・6年
3.	野をこえ山こえ	1・2年
4.	障害走	3・4年
5.	応援合戦	全員
6.	つなひき(1)	父母
7.	つなひき(2)	3・4・5・6年
8.	力を合わせて(1)	1・2・父母
9.	力を合わせて(2)	3・4・5・6・父母
10.	幼児・レース	幼児
11.	おどり「かんちょろりん」	3・4年
12.	おどり「かんちょろりん」	全員
13.	おどり「都南サンサ踊り」	5・6年
14.	全員リレー	1・2年

午後の部（1：00〜3：00）

15.	フォークダンス	全員
16.	応援合戦	全員
17.	グランプリレース	全員
18.	学級対抗レース	父母
19.	騎馬戦	3・4・5・6年
20.	父母レース	父母
21.	卒業生・教職員レース	卒業生・教職員
22.	竹とり合戦	1・2年
23.	全員リレー	3・4・5・6年

Ⅲ 閉会式

1. 入場
2. 得点発表
3. 優勝カップ授与
4. 白リーダーのことば
5. 主事の話
6. 親和会代表のことば
7. 10の拍手！
8. うた
9. 整理運動
10. 閉会のことば

得点　団体(1)　10点　5点
　　　団体(2)　10点　8点　6点　3点

ひとり　ひとりが全力をだしきろう
その力を　ひとつに結集しよう
おとうさんも　おかあさんも
ともに運動会に参加しよう

民舞が位置づいた頃の和光小学校運動会プログラム（1973年）

て「さんさ踊り（和光小では「都南《となん》さんさ」と呼んでいた）」の指導を任されたのです。当時の運動会のプログラムが残っています。

ここにあるように、和光小学校の民舞は、同じキャンパスにあった和光中学校や高校の実践に影響され、はじめは運動会の「団体演技」として取り組まれていました。「日本の踊り（民舞）」は、中学、高校の体育「ダンス」の中に位置づいていましたが、次第にその魅力が小学校の教師にも広がりました。しかし、小学校の体育のカリキュラムの中には「ダンス」の単元はありませんでしたから、当時の多くの「民舞」の実践はこうした行事に位置づけるしかなかったのです。

一九六八年、二〇名からスタートした「東京民舞研」も次第に小学校教師や保育士も増えて、私が小学校の教師になった頃には一〇

○名を超える団体として成長していました。「民舞」の実践も、全国各地で実践されるようになり、いろいろな学校で踊る子どもたちの姿をよく見るようになりました。
私も「都南さんさ」を指導しなければならないと思い、「東京民舞研」に加入し、踊りを覚えることにしました。しかし、民舞は見てあこがれるほど、簡単に覚えられるものではありませんでした。また私の体は硬く、スポーツはできても「踊り」のようなしなやかな、やわらかい動きをするようには育っていませんでした。民舞研の仲間は私のことを「産業用ロボットのようだ」とからかいながらも、よく練習に付き合ってくれました。

「都南さんさ」は、両足を踏み込む勢いを利用して、頭や手の先まで、足からのエネルギーを少しずつ伝えながら動く踊りです。全身の動きがつねに関係し合い、協調し合い、総合的に踊りの表現になっていきます。ただ、私の場合は、腕は腕、脚は脚、上体と下肢がばらばらでないと覚えられず、結果的にそのパーツを総合すると、まったく全身がばらばらな奇妙な踊りとなったのです。「踊り」とは、ばらばらに覚えるものではないことをはじめて知りました。

いよいよ二学期に入り、踊りの学年練習が始まりました。当時学年二学級でもう一クラスは担任が年配の先生だったので、学年練習は私に任されることになりました。私は、子どもたちの前で一度踊ってみました。どっと笑いが起こりました。そして、「そのせん（園田先生を縮めて、子どもたちは私をこう呼びます）には踊りを教わりたくない」と言い出したのです。

子どもたちは毎年上級生の「都南さんさ」を見てきました。その「かっこよさ」にあこがれ、五年生に

都南《となん》さんさ（和光小学校五、六年生、1979年）

なって踊ることを楽しみにしてきたのです。それなのに、新任の若い教師は、あこがれの踊りとはかけ離れた奇妙な踊りを見せ、それで自分たちを指導しようとする。子どもたちが拒否するのは当然でした。

見るに見かねて、教務主任の先生が踊りの指導に入ってくれました。その先生が動き出すと、子どもたちもそれに続きます。指導もわかりやすく、ポイントをしっかり押さえたメリハリのあるものでした。子どもたちからも「楽しい、そのせんよりわかりやすい」と私には厳しい感想を言ってくれます。私も、子どもたちの輪の中に入って、いっしょにその楽しさを味わおうと思いました。

しかし、実際に一緒に踊ってみると、和光中学の生徒たちや、民舞を実践している他の学校の子どもたちから伝わるもの、そして民舞研で練習している時のような「踊る楽しさ」が、今一つ感じられません。どんなに産業用ロボットのようでも、民舞は楽しいものでした。「なぜだろう、何かがちがう」と直感したのでした。そして自分があこがれ、めざしている何を学ばせたいのか。そんな漠然とした「問い」が私の心に芽生えたのです。

（２）「黒川さんさ踊り」と「都南《となん》さんさ」

一九七〇年代当時、学校で取り上げられている民舞の多くは、秋田に本拠を置く民族歌舞団「わらび座」が各地の芸能を取材したものを舞台用に再構成したものでした。日本の民俗芸能の再創造に取り組んでいる「わらび座」の考え方と、その舞台表現に感銘を受けた教師たちが、積極的に学びに行ったことが背景にありました。

私は「都南さんさ」という踊りがどこでどのように踊られているのか、そんな意識はどこにもありませんでした。和光の中学生が踊っているのを見て、ただ単純に「かっこいい」「あんなふうに踊りたい」「あんな踊りを教えたい」とだけ考えていたのです。民舞研に入ってまもなく、会員の都立高校の先生がサークルの生徒と「黒川さんさ踊り」を発表すると聞いて見に行きました。話によると岩手県盛岡地方には、いくつかの「さんさ踊り」が伝承されていて、「黒川さんさ踊り」はその一つだということ、「都南さんさ」もわらび座が「三本柳さんさ踊り」を舞台用に再構成したものだと聞いていました。

高校生が踊る「黒川さんさ踊り」を見て、とても驚きました。私が知っている「都南さんさ」とはまったくちがう踊りだったのです。静から動へ、動からまた静へ、物語のように展開し、美しく流れるような

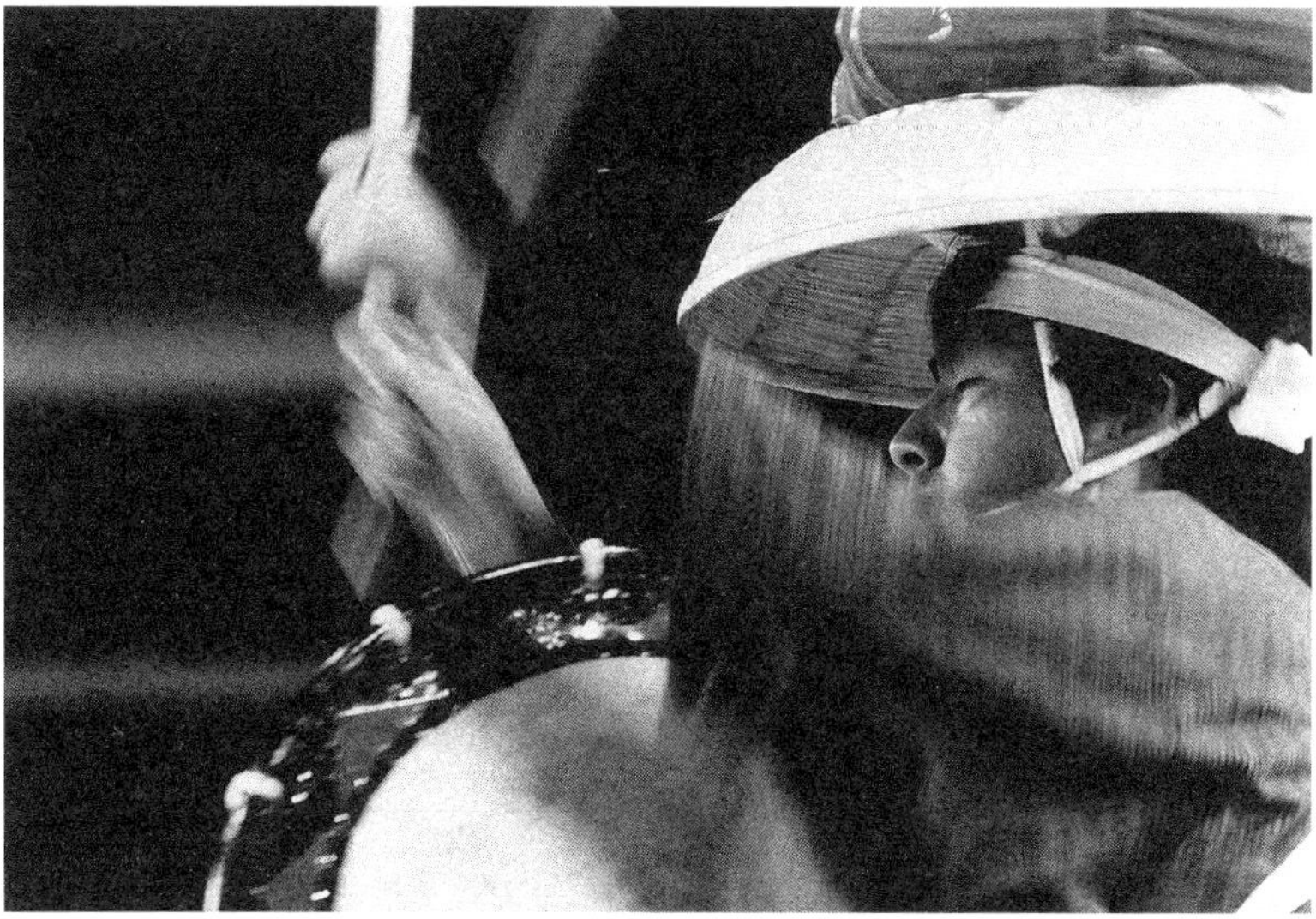

黒川さんさを踊る著者（1984年）

しなやかな動き、そして太鼓を持って踊る者の躍動感、気持ちが洗われるようなしの笛のメロディー。その土地の人々が、その土地の生活や風俗の中で営々と受け継ぎ、育ててきた文化「民俗舞踊」との出会いでした。このときから私の中の「民舞」は少しずつですが、「民族舞踊」の中に、「民俗舞踊」の意識が芽生え始めたのです。

(3) 民舞指導への疑問

「黒川さんさ踊り」に出会ってしまった私ですが、次の日からまた「都南さんさ」を「指導」する日々が再開しました。わらび座が再構成した踊りは、地元の動きの部分を取り出し、舞台でプロの演技者たちにより観るものを魅了する完成度の高い演目として創造されています。源は現地のものですが、ほとんど創作舞踊の域にあります。だから「黒川さんさ踊り」でも「〇〇さんさ踊り」でもなく、「都南さんさ」と呼称して誤解を防いでいるのだと思います。日ごろから踊る体を鍛えている演技者が動くことを前提に構成されているため、成長期にある小学生が踊るにはいくつか無理な動きがあることが後からわかってきます。「またわり」と呼んでいる、足を開いた中腰の姿勢。手足を伸ばしきるポーズ。子どもたちの生活の中には登場しない姿勢や動きばかりです。もともと民俗芸能には、田や畑を起こし、耕し、収穫する上で欠かせない中腰の姿勢や、腰を安定させるための動きがあったようです。そうした人々によって作り出された舞踊には、それなりの必然がありましたが、現代を生きる子どもたちにとって、無理な姿勢が多く登場するのはやむをえないことです。それでも当時の和光小の教師たちは、わらび座の演技者のような動きを子どもたちに求めました。

私は動きの意味や、どうしたら動けるようになるのかのステップを丁寧に踏むことのないその指導に疑問を感じ始めました。それでも多くの子どもたちはその指導についていって「かっこいいさんさ踊り」を踊るようになっていきました。子どもたちは素直で、努力家で、しなやかでした。そして踊れる子どもたちは満足していました。私は疑問を感じながらも、民舞とはそういうものなのかなと思っていました。

(4)「御神楽《みかぐら》」と「大森み神楽」

私が和光中学校盆踊りで出会った「あこがれの民舞」のもう一つは「みかぐら」という踊りでした。右手に「錫杖《しやくじよう》」と言われる鈴のついた棒と左手には扇《おうぎ》を持って踊ります。体が上下左右に躍動し、ひねりや回転も頭をふる動きもあり、多様な動きが盛り込まれています。しかも「採《と》り物《もの》」と言われる錫杖と扇

菅原吏世《りよ》さん（右端）から大森み神楽を学ぶ子どもたち（和光小学校で、1984年）

を振りながら、なんとその扇が常にくるくると美しく回っています。一体どのようにしてこんな動きができるのか。難解な踊りを見事に踊りきっている中学生がただただすごいと感心していました。

当時この踊りは「御神楽」と書いて「みかぐら」と読んでいました。岩手県の南部の小さな村で伝承されていたものを、これも「わらび座」が取材し、舞台用に再構成したものであると後になって知りました。「日本の踊り」が一部の教師たちによって見直されてきた一九七一年、山形県内で「こどもの国わらび学校」が始まりました。県下の子どもたちが「わらび座」で合宿をして、民舞を学ぶという活動です。特に一九七五年から始まった「御神楽」の取り組みで、この運動は大きく盛り上がり、県内のたくさんの小学校で踊られるようになり、全国にも広がりました。和光中の生徒たちが踊っていたのもこの「御神楽」でした。

民舞研の仲間が、この山形の「御神楽」の実践を、一九七七年日教組全国教育研究集会で上映された八ミリフィルムで見ました。それまで「春駒」「都南さんさ」などの短い作品しか経験のない中で、「御神楽」は多様な動きがストーリーのように展開されて新鮮なものでした。「素敵な踊りだ、ぜひ私たちも取り組もう」と何人かが「わらび座」に出かけて習い覚え、毎月の例会で練習することになったのです。

「御神楽」を練習するようになって一年くらいたったある日、「御神楽」のモデルとなった地元の神楽の庭元《にわもと》（踊りの団体を率いている人＝家元のような存在）の娘さんである菅原吏世《りよ》さんが高校を卒業し、東京に住んでいるという情報を聞きつけ、さっそく連絡して例会に来てもらいました。私が民舞研に入ったのはちょうどその頃でした。その神楽は「大森み神楽」といいました。吏世さんは幼い頃から神楽を舞う名人でした。テープに録音した神楽太鼓の音が響きだしたと思うと、澄んだ美しい歌声が響き渡りました。「神楽うた」です。歌い終わると、吏世さんの身体が天を舞うように、しなやかに動き出しました。それは「踊り」ではなく「舞」でした。「御神楽」にあるダイナミックでエネルギッシュな動きとはちがい、優雅で美しい舞でした。民舞研の仲間たちはその「舞」に魅了され、直感的に自分たちがめざしていた「日本の踊り」のもっと向こうに、またはもっと深部に、元々の民俗芸能がもつ身体の中から引き出される自然な動きがあることを悟ったのです。「御神楽」と「大森み神楽」の間には、民舞をめざす私たちにとって、追求しなければならない大事な「何か」が存在することを見つけたのでした。

（5）中野七頭舞《なかのななずまい》との出会いと「民俗舞踊」への確信

私の「民俗舞踊」としての民舞への関心は、岩手県岩泉町に伝承されている「中野七頭舞」に出会うことで大きなうねりを迎えます。「大森み神楽」に出会った民舞研の仲間たちは、子どもたちに身体をしなやかに自由に使い、踊るほどに身体と心が解放され、踊り終わったあとの達成感と充実感が得られるような民舞を指導したいと考えるようになりました。

そんなとき、毎年夏に取材旅行を計画していたメンバーの一人が、「わらび座」から耳寄りな情報をつかみました。一九八〇年に岩泉町の小学校に赴任してきた教師が、地元に伝わる中野七頭舞に目をつけ、保存会に呼びかけて自分の学校で指導しているということです。この先生なら、民舞研がめざしていることを理解してもらえるだろうと考え、すぐに連絡をとり岩泉町をめざしました。そこで見た中野七頭舞は、民舞研の仲間が今まで出会ったことのない「日本の踊り」でした。

保存会のメンバーはみな若く、地元に長く伝わっていながら一度は廃れた芸能を、古老などからの聞き取りと、自分たちの幼い頃の記憶を頼りに復活させたのです。当時会長の山本恒喜《やまもとつねき》さんは三〇代でした。

宮古市の黒森に伝わる神楽をルーツにしているため、全体の動きは神楽の空気がありますが、七つの道具と七種類の踊り方で構成され（だから地元では「ななつもの」とも呼ばれています）、荒地を測量し、切り開き、開墾し、田畑を作り、耕し、獣と闘い、収穫し、豊作を喜ぶという一連の物語が踊りを通して表現されています。劇神楽の多くが「武者もの」であるのと比べると、この踊りは「百姓もの」です。一つ一つの道具は抽象化され、扱いやすく、踊りの中で巧みに扱われています。踊り方は変化に富み、その一つ一つを取り出しても楽しい動きであり、通して踊ることでその変化をダイナミックに味わうことができます。大人が踊っていても躍動感があって見るものを圧倒する内容を持っていますが、小学生が踊っても十分に楽しみ、満足できる内容でした。

民舞研は同じ時期に、「大森み神楽《かぐら》」「中野七頭舞《なかのななずまい》」「今別荒馬《いまべつあらま》」など地元の民俗芸能に直接出会ってきました。どの保存会も私たちを快く受けいれ、丁寧に教えてくれました。また踊りの練習を離れると、久しぶりに出会う友人のように、懐かしそうに私たちを酒宴に招き入れ、別れるときは本当にさみしそうに再会を望むのでした。私は、その踊りを心から大切にしている保存会と地元の方々の温かさに触れ、民舞を地元で学ぶことの意味を考えるようになりました。その中で感じたことは次のようなことでした。

① 民舞では、「わらび座」などが舞台用に構成したものと、その元になった地元に伝承されているものが対象になっている。その踊りを通して子どもたちの中に育つものを大事にしたいし、どちらにしても地元の踊りがどうなっているのかを知って指導したい。

② 学校教育の中で民舞を指導するときには、この踊りの地元に伝わる民俗芸能の歴史や由来、そして踊りの意味、そして伝承している方々の思いなどを含んで、一連の地域文化の脈絡の中でとらえたい。子どもたちには「踊り方」だけでなく、私たちが出会った人々、目にした風景、感じたにおいや味など、伝えられることはなるべく伝えていく。

③ 民舞には、道具、衣装、踊りの意味や由来、その地域の生活様式などから、その動きの必然がある。動きだけを取り出して指導すると、形だけを伝えることになるし、その形も指導のプロセスで変化してしまうおそれもある。なぜその動きなのか、その根拠を明確にすることが大切である。

震災復興住宅の前で中野七頭舞を披露する小本《おもと》の子どもたち（2015年）

④　民俗芸能は地域の過疎化の中でその伝承そのものが難しくなってきている。私たちが地元に足を運び、交流し、そこの踊りを学ぶことは、その地域を知り、その魅力を広め、そこに存在する文化に外側から光を当てていく。またそれは地元の人々と連帯し、東北と東京と距離は離れていても、その文化を共感、共有し、発展させていくことになる。

私が実践している民舞の中に、「民俗舞踊」への意識が位置づいてきたのです。

第二章　民舞のひろがり～私が実践した「民俗舞踊」～

学校現場ではどのように民舞が取り組まれているのでしょうか。私の学校、和光鶴川小学校では開校以来、変わらず「秋まつり（文化祭的行事）」で次のように各学年で民舞に取り組み、発表をしています。

※（　）内は地元の正式な名称

一年生　**アイヌの踊り（アイヌ古式舞踊）**………北海道各地

　　　　鶴小はねとらまい（釜石虎舞）………岩手県釜石市平田

二年生　**今別《いまべつ》荒馬《あらま》**………………………………青森県東津軽郡今別町今別

　　　　馬乗者（うまぬしゃ）　…………………沖縄県石垣市竹富町

三年生　**寺崎はねこ踊り（寺崎のはねこ踊）**……宮城県石巻市桃生《ものう》町寺崎

四年生　**中野《なかの》七頭舞《ななずまい》**………………………………岩手県下閉伊郡《しもへいぐん》岩泉《いわいずみ》町小本《おもと》

五年生　**大森み神楽《かぐら》**………………………………岩手県奥州《おうしゅう》市《し》衣川区《ころもがわく》大森

六年生　**鶴小エイサー**…………………………………沖縄県各地

子どもは民舞が大好きで、毎年生き生きと発表しながら、同時に上の学年の踊りにあこがれ、目標にするようになります。親たちの中にも民舞ファンが生まれ、父母会（親和会と呼んでいる）の中に民舞や太鼓のサークルもできています。和光学園は私学ですが、「民舞に取り組んでいるから」と志望する保護者もあります。そのくらい教育活動の中で大きな役割を果たしています。

ここでは私が初めて学校に持ち込み、教材化した「大森み神楽」「中野七頭舞」「エイサー」の三本について紹介しながら、学校の中で民舞がどのように扱われてきたのかを知っていただきたいと思います。

（1）大森み神楽・・・岩手県奥州市衣川区大森

1　小さな分校に生まれた大きな文化

〝千夜《せんや》はー、古《いにしえ》のほー、神のや始めし、み神楽《かぐら》をほー〟

菅原吏世《りよ》さんの澄んだ歌声が終わると、神楽太鼓の緊張した音が響き渡り、吏世さんの体が柔らかに、しなやかに動き出す。「大森み神楽」（みかぐら）の舞《まい》が始まりました。

直木賞作家、三好京三の『分校日記』にこんな一文があります。

「この地方には、昔から劇仕立ての神楽があり、夫の少年時代のころまでは、祭りのときなどよく一座を呼んで、農民たちは楽しんだものだといいます。しかし戦争が終わってから郷土芸能はすたれ、祭りに立てられる演い物は、やくざ踊り、民謡踊りと変わって、最近では祭りそのものさえ行われることがなくなったということでした。」

この劇神楽の前座に、面なしで三人で踊られるものが「三神楽」で、ここに「みかぐら」の原点があります。『分校日記』はさらにこう続きます。

み神楽を舞う大森分校の子どもたち（1986年）

「派手やかなかぶとをかぶり、鈴を持って踊る神楽は、先ほど一献あげながら逢った無骨な農民たちが踊っているにしては思いがけず優雅でした。初めて聞く太鼓も微妙な律動を刻みながら快く響き、村人たちは身を乗り出して舞台に見入っています。」

すばらしいがこのままではいずれ廃れてしまうだろうこの芸能に、いち早く目をつけ、『分校日記』の舞台でもある衣川小学校大森分校の子どもたちに「みかぐら」を指導したのが、当時の分校主任三好京三（本名、佐々木久雄）先生でした。三好京三さんは、国語教育を専門とされていましたが、素朴で素直ではあるが自分を表現することの苦手な分校の子どもたちに、詩の朗読などと共に地元に伝わる踊りを指導しようと考えました。そこで村の元教育長であり神楽の師匠の小坂盛雄さんに神楽の指導をお願いしたのです。菅原吏世さんは、その当時の分校に通う子どもでした。

私たち民舞研が、地元大森に取材に入り、小坂盛雄さんや分校の子どもたち、卒業生から「みかぐら」を学ぶようになってから、この踊りを「大森のみかぐら」または「大森み神楽」と呼ぶようになりました（以下「大森み神楽」または「みかぐら」と表記）。

2　「えー、やだー」いきなりの拒否

一九八二年、私は和光小学校で二回目の六年生を担任していました。当時、運動会の団体演技では、低学年「かんちょろりん（福島県相馬地方）」、中学年「ソーラン節（北海道）」、高学年「都南さんさ（岩手県）」を子どもたちは踊っていました。この年の六月、民舞研としては二回目となる菅原吏世さんによる「大森み神楽」の講習会が和光小学校を会場に開かれました。一回目の講習会や、大森での練習会では十分に覚えることができなかったので、ここではしっかり覚えたいと、八番ある踊りのうち、一、二、三、八番を教えてもらいました。その部分だけでも、上体の上下の大きな動きや回転、跳躍、と変化に富み、手に持

つ「採《と》り物《もの》」と呼ばれる「錫杖《しやくじよう》」「扇《おうぎ》」の操作が体の動きを自然に誘いました。はじめのうちは一つ一つの動作がばらばらに感じましたが、踊りこんでいくうち、個々の動きが関連していることに気づき、動くほどに自分の中には今まで体験したことのない楽しさが広がっていきました。神楽太鼓の微妙で変化に富んだリズムが、一つ一つの動きをしっかりと意味づけていて、その響きを感じながら踊る心地よさも広がっていきました。踊りきると大きな充足感が残り、早く子どもたちに伝えたいと思い始めました。

当時私は和光小学校の民舞指導に多少の疑問と戸惑いを感じていました。先輩教師に学びながら、踊りの指導でいつも子どもたちに声をかけるのは「もっと手を上げて」「腰をもっと落として」「ここを見て、あそこを見て」と指示ばかり。ちがう動きをする子どもを怒鳴ったりしていました。この形ばかりの指導で、子どもの中には踊りの苦手な子、きらいな子が少なからず存在しました。ただ、当時の自分にはそれを声にするだけの民舞指導の自信がありませんでした。その中で出会った「大森み神楽」。形ではなく、一つ一つの動きにつながりを感じ、太鼓の律動と共にいると自然に体が躍動してきて、自分の体が開かれていくような快感。踊ることがこんなにも楽しいものだと初めて感じさせてくれた民舞でした。

きっと子どもたちも「楽しい」「おもしろい」「みかぐらをやりたい」と言ってくれるにちがいないと信じて、一学期のうちから自由参加の「みかぐらを踊る会」を始めました。学年の踊り好きな子どもたちがたくさん集まってきました。子どもたちはたちまち一番をマスターしてしまいました。表情も楽しげないい顔をしています。そこで思い切ってその子たちに提案してみました。

「今年の運動会から、この『みかぐら』に変えようと思うんだけどどう?」

「えー、やだー」「さんさの方がかっこよくてイイ」といきなりの拒否反応でした。

多少動揺しましたが、この子たちの反応に考えさせられました。「さんさ踊りはかっこいい」。前に書いたように私は、「都南さんさ」をはじめて指導した後、地元岩手の「黒川さんさ踊り」に出会っています。それには子どもたちが表現するような「かっこよさ」ではなく、もっと深く、豊かな動きの魅力を感じていたのです。

「もしかすると、私たちは子どもたちに民舞を『かっこよく踊る』ことを知らず知らずの間に要求してきたのではないか。だからどうしろ、ああしろと形ばかりを追求する統一的な指導を何の疑問もなく行ってきたのではないか。その中で本来は楽しいはずの踊りを嫌いになっていく子どもたちを生んできたのではないか……」そう考えた私は、子どもたちの反応に押されたままではいけない。本来の「踊る楽しさ」を子どもたちのものにするためにも、「みかぐら」にこだわりたいと改めて思ったのです。運動会で取り組むかどうかとは別に、「みかぐら」を続けよう。私が「踊る楽しさ」に出会うまで時間がかかったように、彼らも今そのプロセスにいるのだと信じ、夏休みにかけることにしたのです。

3　踊りの「採《と》り物《もの》」が、踊りの楽しさをひろげていく

「私は今年おどったみかぐらは、はっきりいって、はじめはあまりやりたくなかった。というのは、今まで五、六年が『都南さんさ』を踊っていたのに、今年になって六年生だけ『みかぐら』を踊るなんていうからだ。べつにこれを踊ってもいいと思ったけれど、私はもう一度『都南さんさ』を踊りたかった

んです。でも踊りの練習を少しずつやっていったら、ちょっと踊ってもいいなあと思ったこともありました（続く）」（M子）

このM子をはじめ、「みかぐら」に強硬に反対したのは、いつも「かっこよく」踊ることのできる踊り大好きな子どもたちで、クラスの中でも発言力のあるリーダー的な存在でした。ですからこの反応はとても強烈でした。でも逆にこの子たちが「楽しい」「やりたい」と言うようになれば、運動会での「みかぐら」も不可能ではないとも思いました。また、今までの形ばかりにこだわる民舞指導の中で、踊りに背を向けてきた声なき子どもたちも「みかぐら」に触れる中で、「踊る楽しさ」を少しでも感じられるようになるかもしれない。そう信じました。

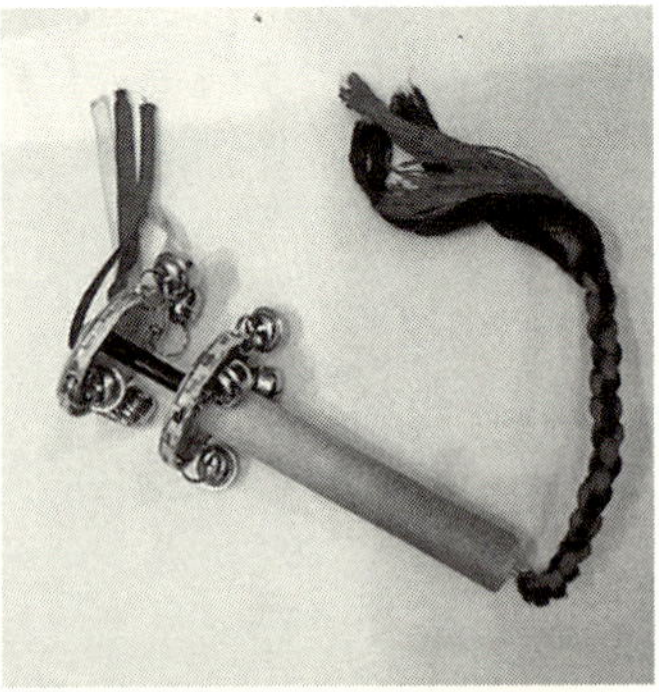
著者が考案したみ神楽の錫杖

私は夏休みにも「みかぐらを踊る会」を何回か開きました。並行して、学年全員でみかぐらに使う「錫杖《しゃくじょう》」作りも進めました。夏休みは、二番、三番へと進み、購入した白扇《はくせん》と手作りの「錫杖」を使って練習すると、一気に子どもたちの中に変化が生まれました。この「採り物」ができたことで、一番から二番、三番とすすむ踊りの変化を楽しめるようになり、また「踊る会」に参加する子どもたちも増えていきました。「錫杖」が完成し、鈴をつけて「シャン、シャン」ならして踊れるようになると「そのせん（私のこと）、やっぱり錫杖には神様が宿っているのかなあ」などと、私の話を引用して感想を言う子どもも出てきました。この頃私はもう形ではなく、その踊りの流れを大切にする指導に徹していました。多少

神楽の師匠、小坂盛雄さん（1985年）

間違ってもそれを指摘しませんでした。そして子どもたちの様子を見ながら、どんどん子どもたちの良さを見つけ評価しました。難しい踊りではありましたが、「楽しい」「もっとやりたい」という声が自然に出るようになりました。

4　やはり踊りは生演奏でやりたい

「大森み神楽《かぐら》」は神楽太鼓と神楽歌で踊られます。昔は笛もついていたようですが、当時はすでに伝承されていませんでした。大森分校で録音した小坂盛雄さんの太鼓で「踊る会」は進んできましたが、和光小の民舞は「生演奏」で踊ることを大切にしていました。私も「踊り」と「おはやし」は一体のものであり、囃《はや》し方《かた》に導かれて踊りに命が吹き込まれていくことを実感していました。しかし、「大森み神楽」の太鼓は、聴けば聴くほど難解なリズムでした。そして単にリズムだけでなく、その一つ一つの音が、一つの太鼓をたたいているとは思えないほど微妙に変化し、そこに神楽歌も重なって、一つの作品として完成されているようです。音楽を専門としない私ですが、夏休み中も毎日毎日テープを聴きながら、なるべく小坂さんの太鼓に近づくように必死に太鼓譜を作りました。そしてその太鼓譜を元に、子どもたちの希望者に太鼓の指導も進めました。私が一か月もかけてたたけるようになった太鼓を、その子たちはものの二、三回でできるようになってしまいました。子どもたちの感性に驚きました。太鼓に挑戦したのは、今まで踊りに向かいきれなかった一部の男子たちでした。太鼓がたたけるようになって、子どもたちの思いがつながり、「みかぐら」は子どもたちの中に大きな存在となっていきました。

5　「この踊りを伝えたい」という子どもたち

運動会で六年生の子どもたちは、見事に「大森み神楽」を踊ってくれました。はじめのうちはこの踊りを強く拒否していたM子たちの感想です。

「……夏休みも練習してみて、そのときはもうだいぶわかってきました。でも、そのときもやっぱり都南さんさを踊りたいという気持ちが頭にありました。でも、もうみかぐらを踊ってしまってもいいとも思いました。そう決めてからは、踊りの練習の時は一生けんめいやりました。（中略）当日、私たちの踊りが次のとき。少しきんちょうしたけど、はやく踊りたい気分でした。まちがえたらどうしようと心配したり、いろいろなことを考えている間に五年生の踊りが終わってしまいました。次はがんばってやろう。まちがえませんように……と思って踊りに入っていきました。（中略）退場の時、ほっとしました。今までの踊りに比べたら一番つかれました。でも、この踊りが成功してよかったと思います。私はこの踊りをず～っと和光で続けていってほしいと思います。続けるにあたって、もっとすばらしい踊りにしてもらいたいです。」（M子）

「……私は、一年生から六年生までやってきた民舞で、『みかぐら』が一番好きでした。『……でした』とは本当は書きたくありません。それに、あと二、三年は踊りたいと思った。それも『みかぐら』をずっと踊っていたいと思った。五年生にも教えてあげてから卒業したい。なぜって、この『みかぐら』を踊ったあとの（やったー！）と思う気持ちと、すがすがしい汗を一人でも多くの人に知ってもらいたいです。教えるということは、自分は教える人に指導する人なのだし、責任をもって教えなければならない。でも、そんな責任のような気の重い心は『みかぐら』には全然ありません。だってそれほどすばらしいんだもん。運動

はじめてみ神楽を披露する和光小学校六年生（1982年）

会での本番の民舞では、やっぱりきんちょうしたけど、踊っているときには思い切りやりました。だから今は何もこうかいしていません。太鼓から踊っているみんな、そして自分まで『ひとつ』になって踊れたと思う。来年がないのがすごくさびしいけれど、五年生ががんばってくれればいいです。五年生に伝えたいことは、そのせんが言ったように『まちがってもいいんだ、思い切り踊ろう!』と言うことと、私からはみんないちいち踊りを合わせなくていい、自分だけの踊りを作ってほしい!そして思い切り踊って、いい汗をいっぱい流してほしい!来年の六年生。みかぐら、任せたよ!」(I子)

I子も、もともとは踊り大好きな子で、六年生でふたたびあの「かっこいい都南さんさ」を踊ることにあこがれていて、「大森み神楽」導入に強硬に反対した一人でした。しかし、そうした子が「大森み神楽」に出会ったことで、民舞に対する意識も大きく変わったようでした。それは他の子たちも同様で、次のようにまとめられます。

① 覚えるのが難しいが、できるようになると大きな達成感がある。
② 形ではなく、楽しむことを大事にするようになる。
③ 踊りと太鼓など、みんなで踊る楽しさが広がっていく。
④ その踊りの持っている質が、子どもたちの中でひろがり、次の世代に伝えたくなる。
⑤ そして、もっといい踊りに、もっと発展させてほしいと願うようになる。

三学期、「卒業」という言葉が見えてきた頃、六年生は自分たちの思いを実現させようと「みかぐらを

大森分校の子どもたちが和光小学校に来てくれました（1985年）

伝える会」を組織し、五年生に班毎に踊りを伝えました。こうして「大森み神楽一期生」の子どもたちの思いは、形となって次の年から今日までつながる和光小学校での「大森み神楽」として、三〇年以上続いてきたのです。

6　大森分校の子どもたちがやってきた

「〝ふってわいたよう〟とはこんなことをいうのだろう。全く思いがけないことであった。和光小学校の園田先生から、『大森分校の子どもたちを東京に招待したい』という電話があったのは、二月に入ってからであった。」（『天とぶ鳥が羽をのすよに』スガワラヤスマサ著〈あゆみ出版〉より）

一九八四年、「大森み神楽」の実践を始めて三年目に夢のようなことが実現しました。大森分校の主任は三好京三さんから菅原恭正（スガワラヤスマサ）さんに代わっていました。ヤスマサ先生は、岩手県内で民間教育運動の中心を長年担ってきて、詩の朗誦や表現活動などに精力的な実践を進めていました。大森分校でも、自分が作

赤　旗

「み神楽」が結ぶ子どもたちの輪

岩手・衣川小大森分校から東京・和光学園小に〝伝授〟

二十五日、東京都世田谷区の和光学園小学校（丸木政臣校長、児童七百人）を岩手県胆沢郡衣川村の衣川小学校大森分校（菅原恭正主任教諭）の児童十一人が訪れ、郷土芸能の「大森み神楽」を披露し、「み神楽」を授業に取り入れている和光学園小の五、六年生と交流しました。

本場の踊りに〝さすが〟

和光学園小の体育館をぎっしりと埋めた七百人の児童と百人の父母。壁には、「ようこそ大森の仲間たち」と大きく書かれた歓迎の文字ポスター。衣川村の元教育長、小坂盛雄さん(七三)の神楽太鼓と歌で「み神楽」がはじまりました。

「自然のきびしさとたたかいながら、たくましく生きてきた農民の魂を抱いておどる。おさえられ、苦しめられながらも生産を高め、くらしを守ってきた農民の願いをうけついではねる」と舞台から話す大森分校の児童たち。

鶏兜（とりかぶと）にはち巻き、胴着、袴の美しい衣装に手には扇と錫杖（しゃくじょう）を持ち、りりしく踊ります。勇壮な「大森ぶち合わせ太鼓」や詩の暗しょうもあり、目を輝かせながら見つめていた和光学園小の児童から大きな拍手が何回も起こりました。

訪問の記念にと、大森分校から、「み神楽」の衣装一式がプレゼントされ、和光学園小と同小児童会からは図書券と図鑑が贈られました。

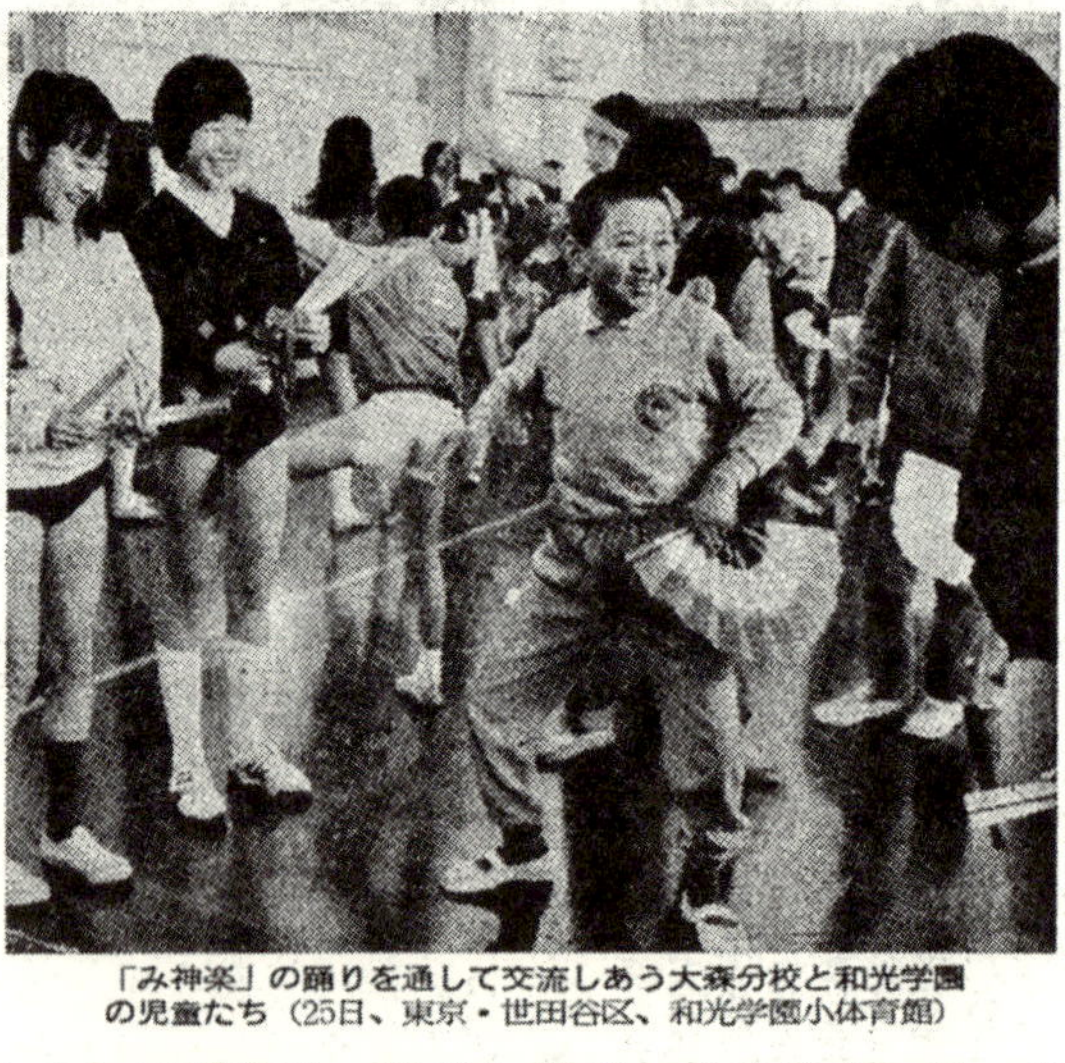

「み神楽」の踊りを通して交流しあう大森分校と和光学園の児童たち（25日、東京・世田谷区、和光学園小体育館）

その後、大森分校の児童たちが和光学園小の五、六年生たちに「み神楽」を〝指導〟。和光学園小の児童たちは「大森分校の人たちはとても上手で、動きも早く踊れる。すごいと思った」などと口ぐちに語っていました。

大森分校の斎藤佐左良さん（六年生）は「たくさんの友達の前で踊ったので、ちょっぴり緊張しました。和光小の友達といっしょに踊れて、とても楽しかった」とはずんだ声で話していました。

両校の交流のきっかけは昨年十二月末に大森分校を訪れた東京民族舞踊教育研究会のメンバーが、同校の児童が舞った「み神楽」に感動。「すばらしい文化を、子どもたちから子どもたちへ直接伝えることができたら」と、同研究会と「み神楽」を授業の一環として踊ってきた和光学園小が、同分校を招待したもの。

和光学園小の園田洋一教諭は「和光の子どもたちも、同じ世代の子どもの質の高いすぐれた文化に接し、もともっている豊かな感性をひき出すきっかけになったと思う」と話していました。

大森分校と和光小学校とのみ神楽交流を報じる1985年2月26日付「赤旗」

み神楽の胴を取る（太鼓を叩くの意）著者
（1986年頃）

詞、作曲した歌を得意のアコーディオンで子どもたちと歌ったり、宮城県にある民族歌舞団「ほうねん座」の方を招いて和太鼓の指導をしたり、その中で「みかぐら」もとても大切に指導されていました。私たち民舞研のメンバーは、冬だけでなく、夏休みの「早起き神楽」（夏休みの毎朝、ラジオ体操代わりに、子どもたちが分校に集まって神楽を踊る）にも参加させてもらってきました。

「大森み神楽一期生」の「もっとこの踊りを発展させてほしい」という思いを受けて、初年度は三番までだった踊りも、年毎に少しずつ増やしていきました。「みかぐら」はもうすっかり子どもたちの中に定着していきました。その中で「和光の子どもたちを小坂先生の生の太鼓で踊らせてあげたい」「本物の『大森み神楽』に出会わせたい」という気持ちが抑えきれなくなり、ヤスマサ先生への電話となったのです。

大森分校の子どもたち一人一人は荒馬座の宿舎を拠点に、和光小学校に来てくれました。子どもたちの太鼓の演奏、詩の朗誦、踊りは体育館いっぱいに見に来た和光小の子どもたちや父母たちを圧倒しました。そのあと高学年に分校の子どもたちが「みかぐら」を教えてくれました。分校の一年生の子が、小さな体を大きく動かしながら六年生に教えている姿は、ほほえましいものでした。このとき、和光小学校は初めて「神楽太鼓」を購入し、同行した小坂盛雄さんにより舞台で「魂《たましい》入《い》れ」をしてもらったのです。それ以来、和光小学校の子どもたちは神楽太鼓で「大森み神楽」を踊れるようになったのです。

（2）中野七頭舞《なかのななずまい》・・・岩手県下閉伊郡岩泉町《しもへいぐんいわいずみちょう》小本《おもと》字中野

七頭舞　　　O子
ダンドツット　ツットコダン　と
たいこがなり　みんな　おどりだす
太刀をもって　みんな　りりしくなって
本物の　さむらいみたくなって　おどりだす
三足《みあし》、ちらし、横ばね、切り合い、ツットゥツ
七頭舞のおどりは
それぞれ　たのしくて　それぞれとっても　つかれる
けれど　太刀をもつと
本物の　さむらいの気分に　なってしまう

山本恒喜保存会会長（中央）から中野七頭舞「道具取り」を学ぶ著者（左端、1982年小本小学校で）

七頭舞の　練習は　みんな　ねっしん
「あんた　足　ちがうよ」「どうやんの」「あのねー」
と　みんな　一生けんめい
運動会では
みんな　さむらいになって　おどりだす
がんばろう

民舞研が中野七頭舞に出会った一九八〇年代はじめに、私は民舞研のメンバーになりました。例会は七頭舞を中心にいつも進められていました。練馬にある小学校を会場にしたある例会では踊りの一つ「ツットゥツ」がテーマになっていて、七頭舞の中でも難解な一つといわれるこの動きを、「右回り」「左回り」と二時間くらい繰り返し練習して、へとへとになったことを思い出します。大森み神楽《かぐら》同様、中野七頭舞も私の体にわりとすっと入っていき、踊るほどに楽しさが広がっていきました。当時民舞研は二〇代、三〇代の若い教師があふれ、活気がありました。みんな気軽に東北を目指していました。二回目の地元での練習会が一九八二年にあり、私は小本《おもと》小学校で、山本恒喜《やまもとつねき》会長（当時）から初めて「道具取り」を教えてもらい、これで七つの踊りを全て踊れるようになりました。みかぐらと共に、中野七頭舞も子どもたちに教えたいと強く思うようになったのです。

1 「七頭舞《ななずまい》を踊る会」からひろがる

「大森み神楽《かぐら》」を六年生に初めて伝えた一九八二年度の翌年、私は五年生の担任となりました。その前年まで五、六年生で「都南《となん》さんさ」を踊っていた子どもたちは、一九八二年度から六年生は「大森み神楽」、五年生は「都南さんさ」となりました。そして一九八三年、そのまま行けば私は五年生に「都南さんさ」を指導することになりますが、今までの民舞指導への疑問と、「大森み神楽」の実践で確信した民俗舞踊の価値を中野七頭舞を通してさらに固いものにしたいと思いました。

しかし、和光の子どもたちは自分たちが取り組んできたものへの絶対的な自信と誇りがあります。今回も踊り好きな子どもたちの大きなリアクションがあるのかなあ、とちょっと導入には不安がありました。しかし、五年生は「都南さんさ」も経験がなく、また前年の「みかぐら」が好評で、新しい民舞への期待感のような空気がありました。一学期から「今年は中野七頭舞をやるよ」といっても昨年のような激しい反発は見られませんでした。ただ「みかぐら」はわらび座により広がった「御神楽」として、名前が知られていましたが、「中野七頭舞」は民舞研も取材を始めたばかりでもあり、講習会も開いていないため、その認知度はまったくありませんでした。そこで「みかぐら」の時と同じように、「七頭舞を踊る会」を開くことで、このまったく初めての踊りを子どもたちにも学校にも浸透させていこうと考えたのです。

2 民舞クラブと合同の発表会で

当時、和光小学校五、六年生にはクラブ活動があり、平野正美先生（平野正美さんについて「あとがき」

で詳しく紹介しています）が顧問をされていました。私が五年生に中野七頭舞《ななずまい》を指導したいと相談したこともあり、民舞クラブでは先んじて七頭舞を踊っていました。「踊る会」には毎回二〇名前後の参加者がありましたが、クラブとかさなっている子もいて、子どもたちの練習は順調に進んでいきました。全体の

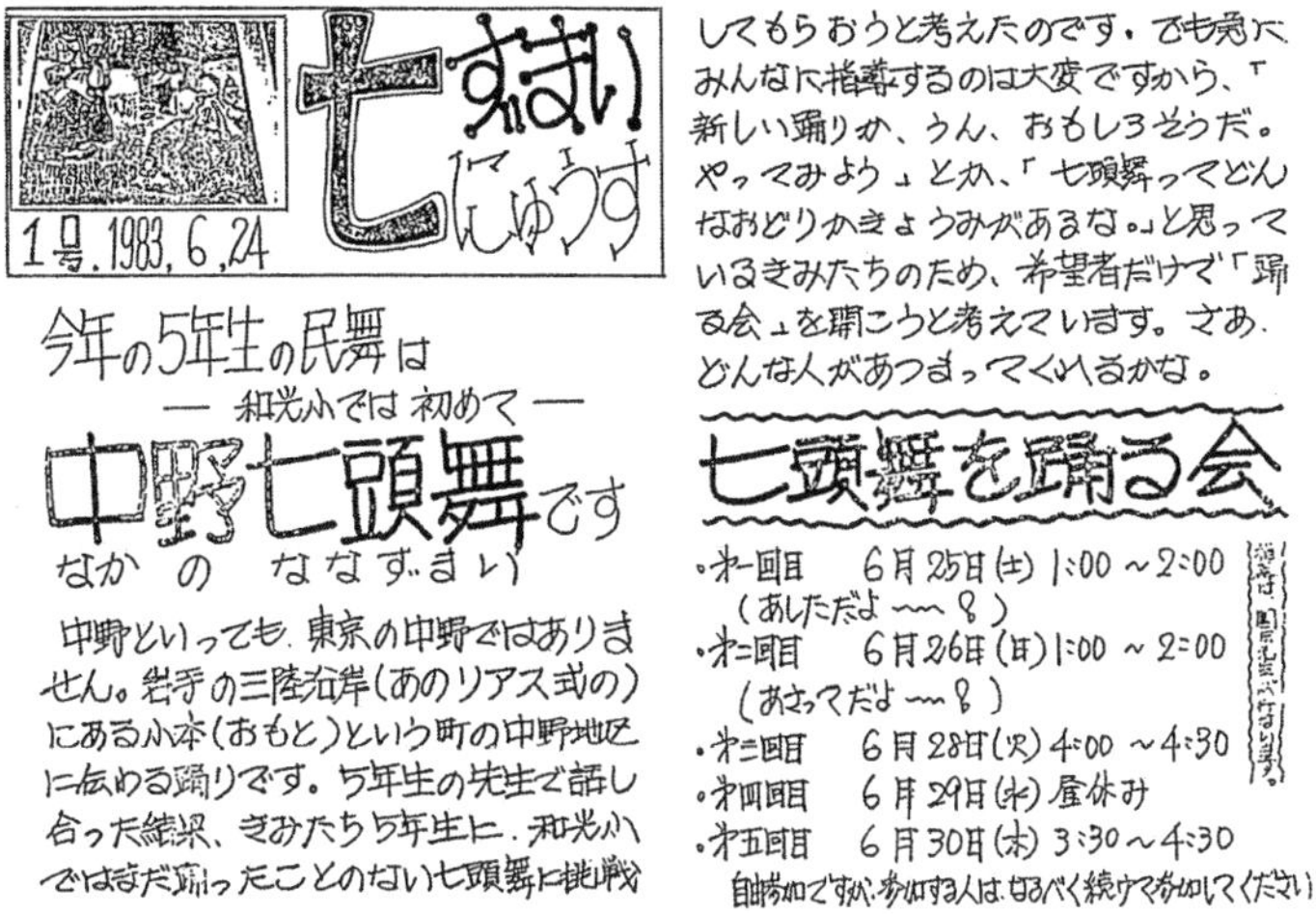

七ずまい にゅうす

1号．1983，6，24

今年の5年生の民舞は

— 和光小では初めて —

中野七頭舞です

なかの ななずまい

中野といっても、東京の中野ではありません。岩手の三陸沿岸（あのリアス式の）にある小本（おもと）という町の中野地区に伝わる踊りです。5年生の先生で話し合った結果、きみたち5年生に、和光小ではまだ踊ったことのない七頭舞に挑戦してもらおうと考えたのです。でも急にみんなに指導するのは大変ですから、「新しい踊りか、うん、おもしろそうだ。やってみよう」とか、「七頭舞ってどんなおどりかきょうみがあるな。」と思っているきみたちのため、希望者だけで「踊る会」を開こうと考えています。さあ、どんな人があつまってくれるかな。

七頭舞を踊る会

・第一回目　6月25日（土）1:00～2:00
（あしただよ～～!）
・第二回目　6月26日（日）1:00～2:00
（あさってだよ～～!）
・第三回目　6月28日（火）4:00～4:30
・第四回目　6月29日（水）昼休み
・第五回目　6月30日（木）3:30～4:30

自由参加ですが、参加する人は、なるべく続けて参加してください

著者が五年生向けに発行した「七ずまいニュース」（1983年）

授業の進行よりやや早く「踊る会」が先行し、踊る会メンバーが踊りのリーダーとして全体の練習を引っ張ってくれました。初めての七頭舞指導。私は「三足《みあし》」から入りました。それは七つの踊り方の中で、「三足」の動きは変化に富み、躍動感があり、踊っていてその楽しさがすぐに感じられたのです。同時進行で、踊りの道具作りも進めました。「みかぐら」の時も、子どもたちが「採《と》り物《もの》」を手にしたとたんに踊りが広がったことを経験したからです。七頭舞には、七つの道具がありますが、この年は全員「太刀《たち》の踊り」に統一しました。太刀の踊りが七頭舞の基本であり、できれば踊りの種類の方を増やしたいと考えたからです。また、他の道具の踊り方を私がまだ知らなかったという理由もありました。九〇cmの長さの角材を切り出し、紙やすりで磨いていくと白木の肌の美しさが現われ、子どもたちは自分たちの道具を大切に扱うようになりました。当初は地元で行っているように持つ

ところを装飾したり、色を塗ったりしようと計画したのですが、子どもたちは白木のまま踊りたいと希望しました。それと共に、踊りも深まっていくようでした。あらためて「踊りと道具」との関係がとても大事なものであることを知りました。

「三足」、「ちらし」と進んだところで、民舞クラブと踊る会メンバーには、特別に七つの道具を作り、「道具別の踊り」を教えました。全校朝会で和光小では初めて「中野七頭舞」を披露しました。太鼓も子どもにたたいてもらいました。七頭舞には口拍子（太鼓のリズムを言葉で表現したもの）があり、指導するときにも口拍子で教えます。そうすると子どもたちも踊りと共にたちまち口拍子も覚えてしまい、太鼓もすぐにたたけるようになりました。これも七頭舞の大きな魅力の一つだと感じました。平野先生がチャッパ（ちいさなシンバルに似た、お囃子《はやし》で使用する打楽器）を、私が笛を吹くと三拍子そろって、「先打ち」から入場です。先生たちからは「いさましい踊りだね」「切れ味のあるいい踊りだね」「楽しそうだ」と感想が聞かれ、全校の子どもたちのあこがれの踊りになりました。

3　「踊りの規則性」に気づく

「明日は踊りの発表会です。私は『ツットゥツ』をやります。一番好きな踊りです。体育館で練習した時、最後にきちんと踊れるようになった踊りです。とっても楽しくて、踊りが好きになりました。今日、舞台で練習したら、あがってしまってメチャメチャだったので、今、家で特訓中です。明日、がんばるぞ！」（K子）

中野七頭舞《なかのななずまい》は「道具取り」「横跳ね」「ちらし」「たたかい（切り合い）」「ツットゥツ」「三足《みあし》」「道具納め」と七つの踊りが、一連の物語のように展開されていきます。この流れが私は大好きでした。私が民舞研に入った時に体がばらばらになるほどさんざん指導を受けたのがこの「ツットゥツ」です。「激しい労働」を意味する踊りだそうです。言葉は太鼓のリズムを表していますが、特別な意味はないようです。この「ツットゥツ」ですが、自分が踊っていたときには気づかなかったことが、子どもたちに指導していると見えてくることがいろいろありました。「教えることは学ぶこと」です。

中野七頭舞は一つ一つの動きにメリハリがあって、とても踊りやすいし、覚えやすい踊りです。しかし、「ツットゥツ」だけはその一連の流れを自分のものにするのにとても苦労します。それが当時の私の実感でした。「どこに踊りの規則性があるのか」「あのように動く根拠や必然はあるのか」そんなことをずっと考えていました。子どもたちも「ツットゥツ」に一番苦労していました。ちょうどその頃、民舞研主催の七頭舞講習会が東京であり、私は保存会メンバーと共に、講師として初心者指導に当たりました。そのとき、保存会の方が指導するのを見ながら、初めて七頭舞の動きの特徴を捉えることができたのです。そ輪踊りで踊られる中野七頭舞には、円の中心を向く「表」と、外側を向く「裏」があることに気がついたのです。「横跳ね」も「ちらし」も、必ず体の面が「表」と「裏」をはっきり認識して踊ります。それまで「ちらし」は進行方向に意識がいっていましたが、そうではなかったのです。「ツットゥツ」も「表の踊り」と「裏の踊り」が途中の方向転換でつながっていると考えたら、わかりやすくなりました。

4　民俗舞踊の動きには根拠がある

私は、「大森《おおもり》み神楽《かぐら》」や「中野七頭舞《なかのななずまい》」に出会ってからは、民俗舞踊の動きには根拠があると考えるようになりました。「三足《みあし》」の後半で、ハードル走で後ろ足をぬくときに似た動作があります。なぜそう動くのか。七頭舞保存会が東京の「三陸沿岸物産展」で舞台に立つことがあり、私は「先打ちのいっちゃん」こと阿部一雄《あべいちお》さんと衣装をきて、「先打ち」を一緒に踊らせてもらう機会がありました。袴《はかま》をはいて踊ると、その裾《すそ》を持ち上げるために自然にその動きになるのでした。その時、そういえば「横跳ね」や「ちらし」で前にあげる足も同じだと気がつきました。「大森み神楽」でも、「首ふり」という動きは、神楽の装束《しょうぞく》の一つである「鶏兜《とりかぶと》」の横に羽のようにぶら下がっている板がその動きで大きく揺れるものでした。体操着を着て踊ると、または踊りを教えていると、どうしても形ばかりが先行しますが、なぜその動きなのか、民俗舞踊の場合、その衣装に由来していることも多いので、その意味で地元の踊りに出会うことの意味を改めて感じたのです。

5　「道具取り」から通して踊りたい

子どもたちとは輪踊りの「横跳ね」から「三足《みあし》」までの一連の流れを練習してきました。すでに子どもたちは二人組を作って、休み時間や掃除時間、教室移動のわずかな瞬間でも、「ダンツコ、ツコツコ、ダンツコ、ダンノ」と口拍子を言い合いながら、長い物を見つけては「切りあい」などを踊っています。七《なな》頭舞《ずまい》は子どもたちの生活の中にまで入り込むほど定着してきました。私の中に二回目の民舞研現地取材の

中野七頭舞「道具取り」を披露する和光小学校五年生有志（1983年）

折に、山本恒喜《やまもとつねき》会長から習った「道具取り」の楽しさがしみ込んでいました。ただ、輪踊りとちがって「道具取り」は常に流れるような動きが続き、太鼓のリズムとの関係も明確ではありません（当時はそう理解していました）。五年生の子どもたちに短い時間で教えるには難しいと感じました。そこで、希望者を募り「道具取りチーム」をにわかに立ち上げました。「踊る会」や民舞クラブの五年生中心に数人が集まってきました。七頭舞が大好きになった「民舞好き」の子どもたちなので、私の不安定な指導にもよくついてきて、踊れるようになっていきました。問題は「太鼓」です。当時「輪踊り」部分には民舞研が保存会と共に起こした口拍子がありましたが、「道具取り」にはありませんでした。「みかぐら」の時と同じように、山本恒喜さんの太鼓のテープを聴き取り、自分なりの太鼓譜を起こす作業が始まりました。いくつかのポイント「立ち上がり」「足の踏み出し」「回転の始まり」などの音を強調して、実際の音とは多少違いますが、子どもたちが踊りやすいようにと叩けるようになりました。

6　中野《なかの》七《なな》頭《ず》舞《まい》が子どもたちの中に育てたもの

七頭舞　　I子

運動会が終わっても、七頭舞は家でも踊っている。七頭舞は大好きだし、踊っていて大好きだし、楽しい。七頭舞は、とってもはげしいというか、一つ一つの踊りが印象に残る。たとえば、「ツットゥツ」は、一生けんめいはたらいている姿をはっきり踊る。そういうことを考えて踊ればいいんじゃないかなあと思う。

また体育で民舞の授業をやりたい。今度は「道具取り」を覚えたい。あのリズムが大好きで、「道具取り」はとっても気に入っている。

「踊る会」などで、今までいろんな踊りを覚えてきたけど、最初は覚えるのが大変でやるのがいやだった。でも、今では完全に覚えて、踊っているのが楽しい。民舞の授業が一番楽しくて好きだ。最初から通してまたやってみたい。思い切り体を動かして、一つ一つの踊りの意味を考えて踊りたい。

初めて中野七頭舞に取り組む和光小学校五年生（1983年）

小本小学校に飾ってある中野七頭舞の卒業制作

私のクラスにM男がいました。運動が苦手で、何にも意欲をなかなか示せない子どもでした。「四年生までは、踊りがきらいな運動会の中でも、一番大きらいの大きらいの大きらいでした。………」と感想に書いています。この子が一学期の水泳の授業で「ドル平（和光小で導入している初心者泳法）二〇〇m」に合格して、少しずつ運動に対する意識が変化し、驚いたことに「七頭舞を踊る会」に顔を出したのです。そして「踊る会に出られるときには必ず出ようと思う。体育の民舞は時間が少ないけれど、集中して、少ない時間の中で覚えていこうと思う。……踊る会に行って、踊りを覚えたので、いつもの運動会より楽しみになってきた。」と感想を続けています。

となりのクラスのO子は「七頭舞ノート」なるものを自分で作り、教師の出した「七頭舞ニュース」を張り付けたり、踊りのポイントや踊り方を絵にしたり、踊って感じたことを文にしたりしていました（この節の冒頭の詩も彼女のものです）。女子を中心に自分たちが作った白木の太刀を入れる袋を縫って作る子も何人もいました。いろんな柄の袋に太刀を入れて持ち帰る姿は、道場通いのようでした。

それぞれの子どもたちの中に、それぞれの「中野七頭舞」が根付いていったようでした。民舞が子どもたちの中に踊りの世界を豊かに育てていくことが、「大森み神楽《かぐら》」と「中野七頭舞」の実践を通して見えてきました。

（3） 和光エイサーを作る

1 「平敷屋《へしきや》青年会」との出会い～「エイサー」って何？

「沖縄で園田さんが絶対に夢中になる踊りを見つけたよ。エイサーっていうんだ」「えっ、何？ ええさあ？」「エイサーだよ。太鼓を持って踊るんだけど、これがかっこいいんだ」。夏休みに沖縄の踊りの取材にいった平野先生が私にそう声をかけました。一九八四年の秋のことです。それまで民舞といえば東北の踊りが一番で、南の地方の踊りに見向きもしなかった私の中に、「エイサー」という言葉がインプットされた瞬間でした。

この年、私は和光小学校で三度目となる六年担任でした。一〇月の「広島学習旅行」の日程が終わり、東京駅で簡単な反省会をしていた席上で、これからの平和学習のあり方について学年団で意見交換をしました。被爆者の高齢化と広島の町の近代化の中で、戦争と核兵器の問題を小学生が実感をもって学ぶことが難しくなったことをお互いに感じていました。話の中で「沖縄」の可能性が語られました。

次の年の一九八五年度、私は再び五年担任を任されました。当時は学年三クラスで、担任は新任のK先生と二年目のS先生に私の三名でした。私も三〇歳の若年でしたが、年の順で学年主任を命ぜられました。若い二人は研究熱心で議論好き、学年会はいつも私が口をはさむ余地の無いほど熱い論議が繰り返されました。このエネルギーならいろんなことに挑戦できるかもしれないと感じ、学年会で「総合学習ヒロ

平敷屋エイサー（2012年平安座エイサー祭り）

シマ」の可能性と限界、そして沖縄の可能性を話題にすると、まずみんなで沖縄に行こうと話がとんとんとまとまり、「沖縄学習旅行第一回実地踏査」が夏休みに実現したのです。

私たちは基地や戦跡だけでなく、水族館、植物園、万座毛《まんざもう》、玉泉洞《ぎょくせんどう》、ハブ園、オクマリゾートなど観光名所も含めて、北は大宜味村《おおぎみそん》から南部摩文仁《まぶに》まで沖縄本島を五日かけてくまなく回りました。その中でぜひ見たかったのは旧盆に向けて練習しているあのエイサーでした。見るべきものは何でも見ようと中部、海中道路を通って宮城島の石油コンビナートを見学した帰り、その玄関口の勝連《かつれん》半島の平敷屋に立ち寄りました。ここでエイサーの練習が夜に行われているという情報があったからです。

夜七時からと聞いていたのでその時間に公民館につくと誰もいません。近所の人に聞くと確かにここで毎晩練習しているといいます。八時を過ぎるとぽつぽつと人が集まり始め、本格的な練習が始まったのは一〇時を過ぎてからでした。ここで私たちは初めて「沖縄時間」というものを体験しました。平敷屋のエイサーは、頭に手ぬぐい、衣装は僧侶の服装、はだし、ばちは木の枝を切り出して作っている伝統的なパーランクー（エイサー用の小さな太鼓）エイサーと呼ばれるものです。その後、私は各地の派手な衣装のエイサーに出会うことになりますが、この時はエイサーとはこんな地味なものなのか、平野先生が「かっこいいよ、園田さんも夢中になるよ」と言ったのはこの踊りなのかと、ちょっと意外に思いました。

私たちは休憩のたびに冷たい泡盛をご馳走になりながら、気が付いたら踊りの輪の中にいました。そして私はたちまちこの踊りに夢中になっていました。「スイ、スイ」と掛け声をかけながら、ぱちとパーランクーを上下に振りながらたたき、移動しながら大地を踏みしめる。わりと単純な動きの繰り返しなのですが、繰り返しているうちにその深い世界に引き込まれていきます。不思議な宇宙がここに存在しました。今になれば、この平敷屋エイサーにこそエイサーに見られる「ウークイ（盆送り）」の原型があることがわかります。私は初めて出会ったエイサーが平敷屋でよかったと今でも思っています。

私はここだけではエイサーをマスターできませんでした。しかし、エイサーを教材化するにはあの蛇皮を張ってある楽器、「三線《さんしん》」が必要であると思い、実地踏査の最終日に紹介された楽器屋で購入して東京に戻ったのです。

その後、民舞研で平敷屋青年会を東京に呼んでの講習会が実現し、私はようやく「秋の踊り」という曲をマスターすることができました。子どもたちと一緒に取り組むのが楽しみになりました。

2　六年生が見つけた東京のエイサー～東京沖縄県人会青年部との出会い

一九八六年から和光小学校では新しい教育課程がスタートし、その大きな特徴の一つが総合学習「沖縄」でした。四〜五年実践が続く中で「沖縄百科事典作り」やテーマ別の沖縄研究など、子どもたちが沖縄を豊かにとらえて学習していくスタイルが生まれていきました。そんな中、ある年の六年生で民舞の好きな子が、「沖縄の踊り」をテーマに研究していました。東京都狛江《こまえ》市《し》に沖縄の若者が暮らす寮があって、そこでエイサーに取り組んでいるらしいという情報から、担任とその子はその「南灯寮」に向かいました。その取材の中で、中野区に沖縄県人会青年部があり、夜になると練習をしているという情報をもらいました。私はこの時すでに担任を離れていましたが、「エイサーに出会いたい」という思いから、担任と共に夜の中野を訪れました。青年部の人たちは私たちを歓迎し、「漲水《はるみず》クイチャー」という宮古島に伝わる輪踊りを教えてくれました。私と平野先生だけは、その後も中野駅北口公園での夜の練習会に通うことになりました。一九八九年のことです。

3　有志でのエイサーのスタート〜金城《きんじょう》吉春《よしはる》氏との出会い

北口公園の夜の練習で、三線《さんしん》と歌がとても上手で寡黙《かもく》な青年が一人いて、その存在がいつも気になっていました。年齢的には若いのに、とても落ち着いていて存在感があり、強い沖縄なまりがありました。どうも青年部の中ではボス的な存在であると感じていました。仲間に対してはとても表情が優しいのに、私にだけは常に厳しい視線を向けていたので、なかなか話しかけることができませんでした。通いつづけて数か月たったある夜、ふいに向こうから声をかけてきました

「あんた、学校の先生のわりに踊りがうまいね」「はい、ありがとうございます。エイサーが好きなんで

す。これからもよろしくお願いします」「あー、まあ、がんばりな！」「あのう、お名前を聞かせていただけませんか？」「〇△□×？！」「はっ？　何といいました？」「（つよいなまりで）きんじょうよしはるだ！」と怒るように自分の名前を紹介しました。これがエイサーの師匠、金城吉春さんとの出会いでした。

一九九〇年度、少しずつ私の中に青年部のエイサーが身についていきました。また沖縄で衝動買いした三線の練習もこつこつ積み上げて一、二曲はひけるようになったので、翌年の六年学年団に、「いちょうまつり（鶴小の秋祭りと同じ文化祭的な行事。教育課程の改訂で運動会から民舞を切り離し、秋の行事に位置づけるようになった。）」で、今までの「大森み神楽《かぐら》」から「エイサー」に教材を変更することを提案しました（当時和光小学校は六年生で大森み神楽、五年生で中野七頭舞《なかのななずまい》に取り組んでいました）。私が担任なら子どもたちとの関係でエイサーを導入することもできたかもしれませんが、六年担任団と相談し、この年は無理しないで、有志の発表にしようということになりました。休み時間に中庭で行う有志のエイサー練習の隊列は日に日に長くなり、クラスの半数が参加するエイサーになりました。平敷屋《へしきや》エイサーの「秋の踊り」で入場し、県人会青年部エイサーの「仲順流《ちゅんじゅんなが》り」「安里屋《あさとや》ゆんた」の三曲でしたが、参加した子どもたちは満足そうでした。地方《じかた》（エイサーの伴奏をする人、地謡《じうて》とも呼ぶ）は私が一人で担当しました。本番、子どもたちのエイサーにいきなり「京太郎《チョンダラー》（エイサーを率いる道化のような役割）」が数人登場してびっくりしました。一体だれだろう。メイクをしていてわからなかったのですが、終わってよくよく顔を見ると、なんと金城さんとその仲間たちだったのです。「いちょうまつり」のことは何も連絡はしていません

和光エイサーの師匠、金城吉春さん（右）と著者（中野チャランケ祭りで）

でした。ただ、道具が何も無いので、青年部から太鼓や衣装を借りていて、それでこのことを耳にしたようです。

「わざわざ来ていただいてありがとうございました」「ああ、子どもの踊りは良かったけど、そのだしぇんしぇい！　もっと三線練習しなよ！」と言い残して自転車にまたがりすっと帰ってしまいました。金城さんが初めて私を「そのだしぇんしぇい」と名前で呼んだので、うれしくて涙が止まりませんでした。

ずいぶん後になってからですが、金城さんと明け方まで飲む機会がありました。この当時のことを話題にすると、「おれは小さい頃から教師が一番嫌いだった。しゃべり方をばかにする。殴られる。おれにとって教師は敵だった」。私が教師であると仲間から聞かされて警戒していたそうです。「こんなに踊りを楽しめる教師が東京にいてびっくりした。（同時に年齢が私と同じであることもわかると）初めて俺に教師の友達ができた」と話してくれて、またうれしくなったのです。

4　手作りの締太鼓で初めての和光エイサー～教師たちの三線《さんしん》練習会

翌年の一九九二年度の六年担任団は、はじめから沖縄学習の一環として「エイサー」を取り組むことに意欲を持ち、子どもたちにも提案していました。夏休みには学年団でエイサーの練習をして、九月に県人会青年部が北口公園で主催する「アシバ祭」に子どもたちを参加させて、綱引きや屋台で楽しみながら、青年部のエイサーを見せました。教師集団も音楽科の先生をはじめ、若い頃ギターをひいた経験のある教師たちを集め、夜になると私と共に三線《さんしん》の練習を行ないました。

「いちょうまつり」が近づくと、金城さんに直接エイサーの指導で来てもらうようになりました。当時、金城さんは塗装工として、現場を転々としていて、空いている時間帯には自転車を飛ばして和光小に駆けつけてくれました。太鼓が無いので、技術科の先生にお願いして、「手作りの締太鼓」を授業で作ってもらいました。ベニヤ板を丸くくりぬいて、間に円筒形のクッキー缶をはさみ、ロープで固定するといったもので、決して音は良くないですが雰囲気はありました。

当時、青年部エイサーの演目に「りんけんバンド」というグループが歌う「七月エイサー」があり、みんなで三線をひき、キーボードやドラムも用意し、歌のうまい先生のボーカルと、にわかじたてのバンドを組み、初めてではあるけれど、手作りの楽しい第一回目のエイサーが六年生全体で実現できました。もちろんこの時にも金城さんたちが「チョンダラー」で登場したことはいうまでもありません。まだまだ「エイサー」が今のように世間には知られていない時代のことです。

5　中野の祭りに参加する子どもたち～東京エイサーシンカと共に

当時、県人会青年部エイサーの演目の中で私たちが指導できたのは「仲順流り《ちゅんじゅんなが》」「七月エイサー」「安《あ》

初めての和光小エイサーで三線を演奏する教師たち（1992年、中央は著者）

里屋《さとや》ゆんた」の三つだけでしたが、子どもたちはエイサーを楽しんでいるようでした。翌年には学校が予算をつけて、子どもの分だけパーランクーを購入することができ、エイサーの音もよくなりました。そして毎年、六年生はアシバ祭に参加し、「大森み神楽《かぐら》」を踊ったり（六年生にエイサーが位置づいたことで、五年生が大森み神楽、四年生が中野七頭舞《なかのななずまい》と変った）、エイサーを見たり、綱引きを楽しんだりといった年が数年続きました。

その中で一九九三年、金城さんは東京の仲間と共に、青年部から独立したエイサー団体「東京エイサーシンカ」を立ち上げました。そして金城吉春さんは偶然、同じ和光小学校でアイヌ古式舞踊を教えてくれていた帯広アイヌの広尾正《ひろおただし》さんと、出会うことになります。その二人が意気投合し、アイヌと沖縄（ウチナー）をつなぐ祭り「中野チャランケ祭」を一九九四年から始める事になりました。

この年、私は和光小学校から新設となった和光鶴川小学校（鶴小）に異動することになり、一時エイサーからはなれることになります。再びエイサーに取り組む一九九七年までの間に、民舞研が沖縄市に伝わる「園田《そんだ》エイサー」を取材、教材化した関係で、平野先生を中心に和光小は園田エイサーに取り組むようになりました。

6　和光鶴川小学校の六年生にもエイサーを

鶴小完成年度の一九九七年、その一期生である六年生に「東京エイサーシンカ」のエイサーを取り組ませたい、子どもたちに金城さんと出会わせたいと迷わず考えていました。当時の六年学年団も「園田に任せる」と賛成してくれました。また中野駅前公園通いが始まりました。エイサーシンカのエイサーは少し変わっていましたが、金城さん特有のゆったりした中にある重量感ある動きや、空手の振りを取り入れながらの切れ味のいい動きが魅力的でした。何をするにもはじめての一期生でした。エイサーも実際に見たことがない子たちがほとんどでした。和光小ではじめてエイサーに取り組んだときと同じように、エイサーの魅力を感じて欲しいと再び「アシバ祭」に誘うと、当日は雨にも関わらずたくさんの六年生が見に来ていました。

和光小卒業生で民舞の得意だった栗原厚裕《あつひろ》さん（二一二頁参照）は、その後民舞研会員となり、金城さんのもとに通いながら三線《さんしん》をマスターし、この当時は東京エイサーシンカの地方《じかた》を担当するまでに上達していました。地方はもう彼に任せようと決めました。またエイサー指導と並行して、クラブ的な活動である「日本の楽器鉄人」（二一五頁参照）で、子どもたちへの三線の指導をお願いしました。その中の何人かの子どもたちが上手になっていきました。

「日本の楽器鉄人」で三線をひく和光鶴川小学校六年生

「鶴小秋まつり」が近づいて、和光小の時のように金城さんに来てもらえないかと打診をすると、喜んで来てくれることになりました。前の年からエイサーに使う太鼓などを予算化していたので、人数分のパーランクーと大太鼓、締太鼓を数台購入し、衣装は六年生の親たちにすべて作ってもらいました。鶴小の第六回秋祭り、この日の六年生のエイサーには金城さんはチョンダラーではなく、地方として演奏と歌を披露してくれました。「東京エイサーシンカ」の踊りは「鶴小エイサー」として定着し、二〇年近く続くようになりました。また「中野チャランケ祭り」への参加もこの年から始まり、現在まで毎年の常連校として定着しています。

7　子どもの中でのエイサーの発展

再びエイサーに取り組み始めて三年後の二〇〇〇年。鶴小エイサーにとって大きな節目が来ます。「日本母親大会東京集会のオープニングで子どもたちのエイサーを披露してもらえないか」という依頼がきたのです。有明コロシアムの大舞台。できればそこを埋めるほどの大勢でという要請。しかも集会が七月の下旬。まだ六年生がエイサーに取り組んでいない時期です。職場の各方面に打診したところ、今年は早めにエイサーに取り組み、五年生にもエイサーを伝え、卒業生も呼んで発表しようということにたちまち決まりました。参加者を募ると五、六年生を中心に卒業生も和光小の卒業生も加わって一〇〇名近い希望者が集まりました。

ここで問題になったのは衣装でした。六年生分しかないので、不足分を補わなければなりません。そこで父母にまた呼びかけて新しい卒業生用の衣装と、今までなかった「脚半《きゃはん》」一〇〇名分も含んで、作ってもらうことにしました。太鼓もこの際増やそう、金城さんにも何回か来てもらってしっかり指導してもらおう、子どもの輸送はチャーターバスで、などと考えると、その費用が必要となりました。そこでカンパを募ったり、オリジナルティーシャツを作製して販売したりして資金集めを行いました。あっという間に必要な資金が集まりました。母親大会の舞台は鶴小のエイサーの熱気であふれました。この取り組みと経験が鶴小のエイサーと子どもたちの中に大きな変化を作り出していきました。

この母親大会エイサーで夢中になった当時六年生の子どもの中にM男がいました。学級でもよく問題を起こし、低学年の頃から生活指導では名前が挙がる子でした。問題を起こすことがなくなったわけではありませんが、この子のエイサーを仲間たちは評価しました。沖縄学習旅行で南部戦跡を元ずいせん学徒隊（首里高等女学校）の宮城巳知子さんと回った子どもたちは、最後に南部米須《こめす》にある「ずいせんの塔」の前で平和集会を行いました。太鼓も何もないけど子どもたちは急に「ここでエイサーを踊りたい」というこ

東京エイサーシンカから女手踊りを学ぶ和光鶴川小学校六年生

とになったのです。だれ言うとなく「おいM、うたを歌ってよ」と声をかけました。M男が歌いながら、みんなでエイサーを踊りました。巳知子さんもカチャーシーで参加しました。「エイサーは盆の踊りで、慰霊の意味があります。沖縄戦で命を落とした私の仲間もとても喜んでいると思います」といって涙ながらに喜んでくれました。それ以来「エイサーのM」としてクラスの中に彼は位置づいていきました。この子は卒業してもしばらくは栗原さんの門下生となり三線《さんしん》の指導を受けていました。和光のエイサーは、この年以来、沖縄学習旅行の中で「慰霊の踊り」として位置づきました。エイサーが一人の子どもの内面を強くつき動かし、その子がクラスの仲間の中に位置づいていくきっかけになった事例です。

8　戻ってくる子どもたち〜地方《じかた》への挑戦・町田エイサー祭り

母親大会の流れは、そのまま同じ年の九月に行われた「第一回町田エイサー祭り」への参加につながっていきました。どこから聞いたのか町田市商工観光課から突然電話があり、「母親大会でのうわさを聞いたのですが、今年から市としてエイサー祭りを行うことにしました

町田エイサー祭りに参加する（2012年）

ので、ぜひ出場してもらえませんか」という依頼がきたのです。すでにエイサーは完成していたし、子どもたちもとてものっていたので、二つ返事で参加することにしました。

当日は台風による大雨でした。欠席する団体が多い中で、東急ハンズ横の大屋根の下で東京エイサーシンカと一緒に、エイサーを演じることができました。市からは感謝され、運良くエイサーシンカとも競演でき、子どもたちも母親大会からのエネルギーを再度爆発することができたのです。

この町田エイサー祭り（現フェスタまちだ）は、卒業生が再びエイサーを踊る機会として定着しています。「鶴小秋まつり」の半月ほど前に行うので、六年生はパーランクーで参加し、卒業生が大太鼓、チョンダラー、手踊りを担当します。六年生としては自分がやりたいパートを学習するいい機会にもなっています。また毎年六年生で三線《さんしん》に夢中になった子どもたちの中から栗原門下生が生まれ、卒業後もレッスンを受けて上達し、町田エイサー祭りを経て、秋まつりでは地方軍団を構成しています。

9　鶴小オリジナルエイサーの誕生

母親大会の翌年だったと思いますが、金城吉春さんが経営する沖縄料理店「あしびなー」を久しぶりに訪れたとき、「園田先生、鶴小のエイサー作ったよ」といきなり声をかけられました。思いがけないことで、うれしさより驚きのほうが先に立ちました。

「いちゅうび小（ぐぁ）節だからね。子どもらしいかわいい踊りだよ。鶴小の子どもに合うように作ったよ」。鶴小の子どもたちのことをよく見ていて、この子たちに合うエイサーを前々から構想していて、できたことをうれしそうに話してくれました。

後日、六年学年団や和光小の先生たちと共に鶴小オリジナルエイサー「いちゅうび小節《ぐあぶし》」を教わりました。今までとは動きが大きく異なり、リズムも、ステップも、パーランクーを大きく回す動作も、子どもたちがうんと楽しめる要素で構成されたエイサーは、金城さんの思いがよく表れていました。鶴小エイサーは、東京に暮らす沖縄の青年たちの「東京エイサーシンカ」を源に、金城吉春という師匠の鶴小への思いと共に、子どもたちの中で独自の発展を続け今に至っています。

エイサーの締太鼓は子どもたちの手作り

第三章　地元とつながりながら

私は地元（現地とも呼んでいる）を訪れ、保存会との交流を通して踊りを子どもたちに伝えていくことを大切に考えてきました。それは民舞を「踊り方」だけでなく、その土地の歴史や文化、そこに暮らす人々の生活や思い、芸能を伝承している人たちの今とつながりながら、「総合的な舞踊表現」として位置づけたいと考えたからです。「大森み神楽《かぐら》」「中野七頭舞《なかのななずまい》」「今別荒馬《いまべつあらま》」など実践を重ねるほど、子どもたちの体と心が育っていく実感が生まれています。そして、多くの子どもたちは踊りが大好きになり、好きになった踊りの地元にも関心を示すようになってきました。関心が高まると、子どもたちはその土地に足を運びたくなります。民舞研のメンバーが、踊りに出会って、その踊りのルーツはどこにあるのかを探りに、現地を訪れるのに似ています。私は和光小学校の平野先生と共に、私たち

寺崎はねこ踊り保存会から学ぶ（2002年ドドキテツアー①）
中央で指導するのは西條事務局長（当時）

民舞を指導するものが地元を訪れるだけでなく、学校の同僚にも、そしてできれば子どもたちやその父母たちにも地元を知ってもらいたいと考えるようになりました。

（1）二〇〇二年夏、踊りを学びなおす旅～ドドキテツアー①

①　和光の民舞のこれまで

民舞の実践は、ともすると地元の踊りから離れ、勝手に独り歩きする危うさを持っています。熱心な実践者ほど、その傾向に陥りがちです。

和光小学校で担任として民舞の実践に力を入れてきた後、私は三〇代で担任を外れ教務主任や副校長などの役職を任されたため、担任としての民舞の実践の機会がなくなりました。和光学園は一九九二年、二番目の小学校、和光鶴川小学校を開校し、一九九四年私はその副校長として和光鶴川小学校に異動しました。それまでの流れから六学年そろう完成校になるまで毎年、各学年が発表する「鶴小秋まつり」の民舞の相談役になってきました。担任をもっていない私は、子どもたちに直接指導するより、先生たちの相談に乗ったり、先生たちの練習に付き合ったりが多くなりました。以前、和光小学校で担任を持っていた時代は民舞研の仲間たちと夏休み、冬休みなど多いときには年に数回、東北や北海道、沖縄に民舞の取材に駆け回っていましたが、職場の仲間と現地を訪問することはあまりありませんでした。和光の民舞は毎年、教師仲間での教えあいで継承されています。その原点は私や平野先生が他の先生たちと現地取材したり、また学校に呼んで直接教わったりしたところにあります。

第一章でも触れたように、和光ではそれまでわらび座や民舞の講習会などで教材化されていた踊りをそのまま取り入れていましたが、もっと民俗舞踊のもつ文化性を大切にしようという動き（これは当時の民舞研の動きと連動していたと思いますが）の中で新しい教材が広がっていったのです。そしてその後数年かけて和光の両小学校に「一年生・・・アイヌの踊り」「二年生・・・今別荒馬《いまべつあらま》」「三年生・・・寺崎はねこ踊り」「四年生・・・中野七頭舞《なかのななずまい》」「五年生・・・大森み神楽《かぐら》」「六年生・・・和光エイサー」が定着するようになりました。

その踊りが伝承されている地域のことと、踊りの持つ意味なども子どもたちにわかる形で伝えていこうとなると、運動会での「団体演技」としてはその性格もなじまないし、時間もないということになりました。そこで、一九八五年の教育課程改訂に位置付け、一九八六年度からは運動会から切り離し、秋の学習発表的行事（和光小学校・・・いちょうまつり、和光鶴川小学校・・・鶴小秋まつり）の中で踊られるようになったのです。

② うーん、なんか、ちがうな、なんとかしたいな

私は先生たちから相談を受ければ、自分の中にある昔の財産を少しずつ食いつぶすように、体の中に残っている動きを精一杯伝えていったつもりでした。しかし、鶴小に異動して一〇年たち、先生たちが子どもたちに指導している場面や、子どもの踊りを見ると、「なんか、ちがうな」「なんとかしたいな」という

思いに駆られることが多くなりました。

とくに私が感じたのは東北の踊りでした。和光でも最も歴史の長い教材で、関わった先生も多く、だれもがある程度は踊れるその踊りに課題を感じたのです。

では具体的にどの踊りのどの部分を課題だと感じたのでしょう。私は「寺崎はねこ踊り」「中野七頭舞」「大森み神楽」に課題を感じていましたが、その気持ちを突き動かす決定的なきっかけは二〇〇一年度の「今別荒馬」でした。発表を見た和光小の先生に「園田さん、どうして左右の動きが反対なの？」と聞かれ、「えっ」とビデオを見なおすとすべて左右にはねる動きが反対になっていました。これは私にとってショッキングな出来事でした。しかもここ数年反対の動きだったのに、私も含めてだれも気づかなかったのです。今別荒馬で最初の踏み出しを右から始めるか、左から始めるか、それには何か必然があるはずです。そこまでこの踊りを解釈していなかったことが、そこにまでみんなの意識が働かなかった背景にあるような気がしました。背景を無視すれば左右反対の踊りでも本当に違和感はないのです。

こうなった原因として考えられるのは、この数年前から指導にあたる先生が子どもの前でいっしょに踊るときに、子どもと同方向だと見えないし、「ラッセラー」の声をかけても届かないだろうということで、鏡のように左右反対に踊ってくれていたことです。工夫されていていいなあと感じていました。その先生の踊りがそのまま次の学年に受け継がれていったのかもしれません。それにしても隣にある和光鶴川幼稚園が運動会で荒馬を教材化したいということもあり、前の年の夏、久しぶりに今別のねぶた祭りにいって、大川平《おおかわだい》の荒馬とともに取材してきたばかりでした。その直後の子どもの発表だけに私は踊りの担当としても、とても責任を感じました。

さて他の三つの踊りですが、全体に細かな部分の動きにあいまいさが出てきました。「はねこ踊り」は踊りに入る前の手と足の動きが教師によってちがいが出てきました。「ドドキテサ」のあとの「サーサッ」の動きは回転する軸足の場所は変わらないのか、それとも跳ねながら位置が変わるのか、「けったくり」は両足の重心移動なのか、軸足を中心としたいわゆる「けったくり」なのか……、そして何よりもあの「おはやしと踊りのずれ」と難解な「おはやし」そのものという、「はねこ踊り」積年の課題に私たちは向き合うことなく過ごしてきました。三つの踊りの中で、教材にしながらこれほど課題の多い踊りはなく、私が後日「踊りを学びなおす旅」の名前を「ドドキテツアー」と命名した思いはここにありました。

「中野七頭舞」は若い教師を中心に私の学校には好きな人が多く、一番現地での講習会参加者が多い踊りでした。一時は事務職員を含めて、子どもの前で道具取りから全体三足《みあし》まで通して発表したこともありました。ただ、私は七頭舞保存会結成二〇周年のイベントで見た現地の踊りが、二〇年前に私が初めて出会った七頭舞とその雰囲気がちがうことにちょっとこだわっていて、その答えを見つけたいと思っていました。小本《おもと》にまた行ってみたいという職場の声にも押されて、その講習会参加をこの旅の日程に加えることにしました。

「大森み神楽」は私にとって民舞との出会いを作ってくれた忘れられない踊りの一つです。和光の「大森み神楽」を見ていると、これほど教師によって、年度によって踊り方がちがう踊りもないと思います。それほど神楽の動きは複雑で、捉えづらいともいえます。いつも先生たちと練習していても、細かな動きの中に新しい疑問が生まれてきます。いつまでも自分の中で完結しない踊り、それが「大森み神楽」でした。だから何が課題かというより「大森み神楽」は地元に行っただけ必ず新しい発見があります。

③「学校の先生というものは……」・・・寺崎で

「踊りを学びなおす旅」を呼びかけたところ、私や平野先生を含んで和光鶴川小学校と和光小学校から総勢一五名が集まりました。みんな民舞を地元からしっかり学びたいのだと改めて感じることができました。

東北道を仙台南から三陸道に入り、その終点石巻で降りると保存会会長の佐々木一さん（当時）が出迎えてくれました。どこまでも続く水田、ここが米どころであることを感じさせます。江戸後期、たびたび凶作や飢饉《ききん》に見舞われた寺崎の人々にとって予想以上の豊作のよろこびを「田打ち」から「刈り取り」までの流れを踊りに託し、八幡神社に奉納したという「はねこ踊り」の生まれてきた背景が広がっています。

予定の五時に「寺崎農業担い手センター」に着くと、事務局長の西條正信さん（当時）、青年会の高橋真さん（当時）をはじめ保存会の方たちが準備して待ってくれていました。講習は五時〜八時の三時間。西條さんが全体的な指導をしてくれました。さっそく「先生、まず見せてください」といわれ、私たちは保存会のみなさんの前で「はねこ踊り」をおはやしも含めて見てもらうことから始まりました。

踊り終えて西條さんの一言。「おはやしはだいたいいいけど、踊りはぜんぜんちがうね」。そして次に保存会の踊りを見せてくれました。保存会の踊りはお祭りで見るのよりシャープな感じ（一つ一つの動きに無駄がなく、動と静のメリハリがある）がして、何か新しい踊りに出会った新鮮さでした。おはやしと踊りとの関係は今まで感じたことと同じでした。

「一回ちょん、二回ちょん」から教わりました。上げた手が下に入り込む前に上に振り上げてからはじめること。その反対の手の動きにも神経を注ぐこと、頭の上で扇を返したあと、体の前にしっかり収めること。ここは大きな修正ではありませんでした。そのあと「はい、どどきて、さっ」がちがいました。「はい」は両手を内側にひねりながら、扇を下に向けます。「どど」も私たちは大きく開いて指導してきましたが、どちらかというと脇がしまって視野の中で開いていてこぢんまりしています。「さっ」の右足も踏み込まずに、足を置く感じです。扇を交差して開くとき、その右手を見ていたら「そんなほうを見ているから遅れるんですよ」と注意されました。

次の方向転換は「さーさっ」ではなく「さっ、さっ、さっ」。はじめの「さっ、さっ」で左足がその場で一八〇度向きが変わり、三つ目の「さっ」で「どどきて」の位置まで戻ります。「さっ、さっ、さっ」の三つの動きの連続で、その一つ一つにポイントがありますが、それが一連の流れの中に位置づいている感じです。「けったくり」はほとんど重心は右足で、後に振り上げた左足でける動作です。

この一連の動きは、着物を着て踊ることから出てきていることに途中で気がつきました。ここにも踊りの動きの必然がありました。「その踊りの背景となった労働や生活」「扇《おうぎ》の扱い」「お囃子《はやし》との響きあい」そして「衣装」であるという民俗舞踊の特徴をここでも感じました。

事務局長の西條さんは人柄はやさしいのですが、練習は厳しい人で「はい、そこ、またちがう！」という場面がたくさんありました。せっかくだからと「献《けん》囃子」「馬鹿囃子」も教えてくださいました（私たちが「うちばやし」と呼んでいた踊りは「田打ち囃子」と呼ぶことがあることを初めて知りました）。

さて、いよいよ私たちが一番関心があった「お囃子」と「踊り」の関係についてです。思い切って「あの、踊りとお囃子がどんどんずれていくようですが、それはどうしてなんですか」と質問をしました。西條さんは「学校の先生はよくそういう質問をします。でもこれが伝統芸能なんですよ」。これが回答でした。保存会の方は私たちがずれの補正のためにお囃子を少しアレンジして、踊りに合うようにしていることを知りながら、そのことにはなぜか言及しませんでした。ただ、「これが伝統芸能です」の言葉の中に、はねこ踊りを教えるならお囃子もそのまま伝えて欲しいという願いが読み取れました。でも佐々木会長のそのあとの言葉に驚きました。「先生たちがずれているというのは大太鼓でしょう。はねこ踊りは小太鼓で踊るんですよ。だからお囃子の中で小太鼓の位置が一番大事なんです」。どうも私たちの中に大太鼓に対する固定的な理解があって、それを転換させる一言でした。小太鼓（締太鼓）で踊る、なるほどこれなら安心して踊ることができます。しかし、保存会のお囃子は通して踊っても、半拍のずれが残ります。私はどうしてもそこが気になって、さらにたずねました。「はねこのお囃子には、一番、二番、三番がありま す。いまから小太鼓だけをたたいてみますので、その変化を見つけてください」と佐々木さんがばちを反対に持ってたたき始めました（これは後になって正しい持ち方だとわかりました）。そうしたら今まで気がつかなかったのですが、「トントコ、トットン」と「スットコ、トントン、トントン、トントン、トーン」だけでなく、その四番の中に「トントコ」というリズムが一回だけ多くはさみ込まれていました。これは大太鼓が「ドーン、ドーン、ウッドーンド、ウッドドン、ドン！」と一回大きく入るのに対応しているのですが、大太鼓が先なのか、小太鼓が先なのか、とにかくこの拍がはねこ踊りのあの絶妙（？）のずれを展開させていく原因を作っています。これも「伝統芸能のなせる技か」と感心しました。

④「いったいだれが教えたんですか？……」・・・小本《おもと》で

朝七時に民宿を出て、古川インターチェンジから再び東北道を北上し、盛岡インターチェンジから国道四五五号線で早坂峠を越え岩泉に入るいつものコースで、小本に昼到着。すでに中野七頭舞の講習会は二日目午後の最後の練習に入るところで、その初心者輪踊りコースに合流しました。

担当していたのは保存会の長崎さん兄弟。最後になって十数人の踊れるようで踊れてない、踊れてないようで踊れている怪しげな集団の乱入で参加者は戸惑っているようでした。なるべく目立たないように後ろのほうで踊ることにしました。「ツットゥツ」の回転の手の動きを丁度やっていて、そのふりをひとつひとつ丁寧に指導してくれました。私もこうして分解して習うのは初めてで、自分の中であいまいだった動きがはっきりしてきました。メンバーの一人が「えっ、手はそうやって動かすんですか？」などと不用意に驚いたものだから、長崎さんも思わず「そうですけど、でもみなさんはどなたに教えてもらったんですか？」と聞くものだから、みんなの視線が当然私に向けられました。

どこのコースも、愛護少年団で育った青年たちが今は保存会の講師として、とても上手に指導しているのが印象的でした。そして踊りを分解してわかりやすくポイントを教える指導が、どの指導者にも定着し

保存会のいっちゃん（阿部一雄さん、前列右から三人目、左隣は著者）たちと民舞研の仲間と（2002年ドドキテツアー①）

ていました。参加する側からすれば、こうした指導の手順やポイントが確立されているのは、ありがたいことです。それはきっとこの二〇年続いてきた講習会がそうした方法を参加者から要望され、保存会がそれに応える努力をすすめてきたからでしょう。ただ私の七頭舞の二〇年に対して感じる背景がここにあるようにも思えるのです。

私が七頭舞を覚えはじめたときには、今のようなひとつひとつの動きを分解して丁寧に指導されませんでした。むしろ恒喜《つねき》さんや、阿部《あべ》一雄《いちお》さん（いっちゃん）の動きを見ながら、どうしたら同じ動きに近づけるようになるのだろうかと、保存会の人たちの動きを必死で追いかけたものです。ですから、一年や二年では踊れるようにはなりませんでした。今、二〜三日で輪踊りが通して踊れるようになっていることで、その合理的な指導法の確立に目を見張るものがあります。それはそれで歓迎されるべきなのですが、そうした流れの中で保存会の踊りの雰囲気も変わってきたのかなと感じたのです。

発表会の後、参加者のほとんどは帰られたので、和光のメン

大森神楽保存会、三好京三さん（前列左から二人目）たちと（2002年ドドキテツアー①）

バーは会長のいっちゃん（当時）や長崎さん、民舞研の青木さんや古矢さんをさそって、夜交流会を主催しました。その場で私はいっちゃんにその思いを漏らしたところ、昔いっしょに踊ったことを懐かしそうに振り返りながら「園田さん、それでいいんだよ。これが七頭舞なんだ」と話してくれました。

⑤「先生の踊りは九八％です……」・・・大森で

東北道を南下し、衣川から大森に入りました。新しい立派な道が出来ていたので、迷いながら二時には大森分校に着きました。

スガワラヤスマサ先生が元気に迎えてくれたのがまずうれしいことでした。三好京三（佐々木久雄先生、以下同じ）さん、佐藤吉訓さん夫妻、そのお母さんで元分校職員の京子さん、神楽《かぐら》の師匠小坂盛雄先生が初めて分校で指導した当時の小学生の菅原一雄さん、そして分校出身の青年たちも待っていてくれました。私以外大森分校は初めてということで、三好京三さんが分校とみ神楽について、神楽の名手でもあり胴取りの小坂先生との出会い、踊りを取り入れた経緯など丁寧な話しをしてくれました（これについては京三さんの『分校ものがたり』に詳しいのでぜひお読みください)。ここも「じゃあ、まず踊ってみてください」ということで、まず私が吉訓さんの太鼓で通して踊って見てもらいました。一通り踊り終わると久雄先生は「園田先生の踊りは九八%正しいので、ぜひ残りをしっかり覚えてください」といわれました。

そのあとはいつものようにヤスマサ先生が解説し、分校出身の生徒たちが踊っているのを見ながらの練習になりました。その中に大森神楽保存会会長、菅原芳英さん(当時)のお子さんの三人兄弟がいました。分校の出身です。この三人の踊りは他の子どもたちとはちがい、それぞれに個性的な動きで、しかも「大森み神楽」の伝統を丁寧に受け継いでいるように思いました。今回の練習では「み神楽」は「鶏舞《とりまい》」であること(かといって「鶏舞」とは呼ばないこと)、だから鳥が羽ばたくような動きが随所にあることが新しい発見でした。大きな形の修正はなかったのですが、このことがわかるとそれだけでもずいぶん踊り全体の雰囲気が変わります。特に三番、四番、五番、そして「わたり」と呼んでいる部分(実際の「大森み神楽」にはこうした分け方や名称はありません)は、腕の返しや扇のさばき、腰や足の位置などずいぶん私が思い込んでいたものとは違うものでした。私たちにとって久雄先生が「この踊りがみ神楽の原点です。よく見ていってください」と言われた一雄さんの踊りを見られたことは大きな収穫でした。

(2)「大川平荒馬《おおかわだいあらま》」との出会い〜ドドキテツアー②

「うーん、なんかちがうな、なんとかしたいな」という思いに至らせるきっかけを作った「今別荒馬《いまべつ》」

については、青森県という位置関係もあり、二〇〇二年の「ドドキテツアー①」ではさすがに回りきることはできませんでした。でも早いうちにみんなで地元を訪問し、しっかり保存会から学びなおしたいと、二〇〇三年の春休み、今別に和光鶴川幼稚園の先生と共に行く「ドドキテツアー②」を計画しました。

①「大川平荒馬」への思い

私は今別には別の思いを以前から持っていました。一九八〇年代後半、民舞研は今別荒馬の講習会を東京で数回開催していました。講習会には当時の青年会（団）のみなさんがたくさん来てくれました。その答礼として、当時民舞研が立ち上げていた「みちの国座」の公演を一九八九年一二月に今別町開発センターホールで行うことになったのです。まだ新幹線も東北道も盛岡までしか達していない時代でした。私と平野先生は踊りの道具を積んだワゴン車で今別をめざしました。十数時間かけての長旅（他の民舞研メンバーは夜行列車で駆けつけました）。今別のみなさんに私たちは和太鼓、み神楽、七頭舞《ななずまい》、さんさ踊り、はねこ踊りなどを披露しました。「今別のみなさん、ありがとう公演」と呼んだこの催しを今別町のみなさんは、とても喜んでくれました。長旅の疲れも吹き飛んだ瞬間です。

今別荒馬保存会のみなさんが最後に踊りを見せてくれる予定でした。その時、聞きなれないお囃子が聞こえてきました。太鼓は確かに津軽今別のはりのある音でしたが、ややリズムが変調でした。何よりも違うのが、むせび泣くような笛の音色でした。荒々しい津軽海峡を渡ってくる風のようです。青年たちが荒馬をつけて手綱取りと共に入場してきました。形は今別荒馬にそっくりですが、馬の色は真っ黒で、はっきりと今別荒馬とはちがうたたずまいでした。おもむろに馬が地面をけって動き出しました。「なんだ、この荒馬は！」今別とはまったく異なる、まるで七頭舞やみ神楽の動きに通じる地面をはうような動きでした。これが私と「大川平荒馬」との出会いでした。今別荒馬のみなさんが、今別町に保存されているもう一つの荒馬を見てもらいたいと招いてくれたのでした。

私はその後も長く今別荒馬を実践してきましたが、心の隅ではいつも「大川平荒馬」を一度は学んでみたいと思い続けてきました。せっかくみんなで今別に行くなら、今別の中で伝承されているもう一つの荒馬も学ぼうと計画しました。保存会とのつながりは民舞研でもありませんでしたから、町役場に直接電話して保存会の連絡先を教えてもらいました。会長の宮越哲英さん（当時）を紹介してくれました。すぐに電話して指導を要望すると、「ああ、いいですよ」と快く受けてくれたのです。

参加者は、幼稚園から六人、鶴川小学校からは一二人とその子どもたち六人。和光小学校から三人。この講習会を聞き付けて急遽参加した卒業生と父母三人。大人二四人、子ども六人、総勢三〇人の参加となりました。

大川平は宮越哲英会長、嶋中卓爾事務局長。今別は佐藤豪会長、平野内昌夫事務局長（いずれも当時、故人）が窓口になって、私と事前の打ち合わせを進めていきました。特に大川平とのつながりは初めてでしたが、宮越会長は講習の中身だけでなく、宿泊、交流会など細かなところまで気を使ってくれました。今別の事務局長、平野内さんもご自身が経営する旅館を宿泊と交流会場として貸し出してくれました。私たちの企画に対する現地保存会の配慮は身に余るものでした。

現地へは道具を運ぶ車組とそれ以外の新幹線組の二手で向かいました。未明出発の車組は今別に午前一時すぎに着きました。講習会場の大川平文化会館は、畳敷き二〇〇畳という広さで暖房がよく効いていて、すでに宮越会長をはじめ保存会の方たちが「おにぎり」、採れたての「ふのりの味噌汁」を作って待っていてくれました。講習会の打ち合わせをしているうちに新幹線組も到着しました。昼食の後、全体の指導は事務局長の嶋中さんが進めてくれました。

② 三・五回の妙・・・大川平荒馬の魅力

はじめに保存会の踊りを見せていただきました。その中でみんなから「師匠」「先生」と呼ばれている年配の男性がいて、その方の踊りが自然に流れるようであって、しかし力強くて素敵でした。この方が平山ひさしさん、なんと六〇歳（当時）と聞いてみんなびっくり。隣の部屋は太鼓や荒馬がびっしりと置いてあって、その壁にひさしさんの写真が並んでいます。子どものころから五十数年間踊り続けているといいます。

前半はひさしさんたちからみんなで馬の踊りを習うことになりました。まず踊りの中心部、前に「トン、トン、トン」と出て、ひねりを入れた後、後ろに下がる部分を教えてもらいました。結果的にここが踊りの中でも一番難しいところでした。しかし、大川平らしさが一番感じられるところでもあります。難解だったのは、この後ろに下がるところです。見たところ三回踏んで足を入れ替えているようですが、それだと太鼓と合わない。じゃあ四回なのか、それでも合わない。太鼓に合わせて踊っていくうちにその間であることが判明しました。つまり三・五回（?）。保存会に言わせれば「回数じゃないよ、太鼓に合わせるんだ」。どこの保存会に行っても私たちはいつも「何回か」にこだわり、そのたびに同じ答えが返ってきます。これが伝統芸能なのです。はねこ踊り保存会の西條さんが「学校の先生と言うものは……？」とあきれられた時のことを思い出しました。「先生、三回目に足を下ろすと同時に次の足が上がっているんだよ！」なるほど、それは分かりやすい説明です。だから三・五回か。でもひさしさんはその間に瞬間的ですが、両足が確かに床についています。これはどういうことか。三と三・五の間にとても大きな謎があるようです。そしてこの謎こそが大川平の動きの魅力なのだと感じました。ここをきっちりと踊ることはだれもできませんでした。

平山ひさしさんから大川平荒馬を学ぶ
（2003年ドドキテツアー②）

外はまだ雪が舞っていましたが、中は暖房もあるせいかみんな汗びっしょりで、時折飲み物を補給しての練習が続きました。後半は「手綱取り」にもわかれて馬と組んでの指導となりました。同行した音楽の先生はその合間に、中学生たちに笛を教えてもらっていました。大川平も今別と同じように二組が並んで踊ります。しかし、大きな違いが二つあります。一つは手綱を馬に渡した後、「手綱取り」の踊りは両手をそろえて上に上げる動作が続くこと。そして二人が線対称に前後に動いたり向き合ったりするところです。これがとても楽しい。講習

大川平荒馬保存会のみなさんと（2003年ドドキテツアー②）

会も最後の方になると「もう一回たたいてください」という声が続くくらい、呼吸も少しずつ合ってきて、みんなの中に楽しさが広がっていくようでした。四時間踊りっぱなしでしたが、会場が畳敷きだったせいか、荒馬の練習にしては、足腰への負担は少なかったようでした。

この会場ですぐに交流会に入りました。夜になると保存会のメンバーも増えてきて、和光も大所帯だったので、大交流会となりました。嶋中さんと飲みながら「うちの馬は農耕馬なんですよ。『手綱取り』は『早乙女』でね、だから踊りには『太刀《たち》振《ふ》り』もあります」「太刀振りって何ですか」「太刀は刀の太刀だね。でも百姓に刀はいらないね。あれは太刀といっても長い棒です。草刈の長い鎌みたいなもんかな」「ぜひ後で太刀振りも含めて保存会のみなさんの踊りを通して見せていただけますか」「そうしましょう」。さんざん飲んで、まず私たちの踊りを見てもらい、その後保存会の踊りを見せていただくことになりました。あれだけ飲んでもひさしさんや、飲むほどによくしゃべる相内さんたちの馬の踊りが、背筋の伸びたいい姿勢でやっぱりいいものでした。

交流会の最後に、今回青森が会場となった、冬のアジア大会開会セレモニーで出演した大川平荒馬のビデオを見せてもらいました。私は会の最後に「雲の上の存在だった大川平荒馬が、今回の講習会でやっと手の届きそうなところまで近づいてきました。いつか自分たちで踊れるようになれるまでお付き合いください」と挨拶《あいさつ》させてもらいました。

③ 青森県無形文化財指定の朗報と共に・・・今別荒馬

翌日の午前中、子どもたちもいることから私たちは「竜飛《たつ　ぴ》岬《みさき》観光」組と「今別荒馬お囃《はや》子《し》講習」組の二つに分かれる事にしました。お囃子組は「今別のみなさん、ありがとう公演」の会場だった、懐かしの開発センターに。会の最初に佐藤豪《ごう》会長から「このたび今別の荒馬が県の無形文化財に指定されることになりました。正式には連休明けに発表されます」との報告があり、みんなで拍手で祝いました。そんな朗報と共にコースに分かれての練習。「太鼓コース」は、保存会の佐藤繁雄さんと堂端《どうはし》弘隆《ひろたか》さんの指導で、「笛コース」は、佐藤会長、平野内事務局長の指導で分かれて練習。このとき笛は私たちが今まで吹いていたものとはかなりちがうものであることがわかりました。また太鼓も私たちのはやや平坦で、堂端さんたちのはかなりアクセントがあって、同じようにたたいていても聞こえてくる音はかなりちがいます。リズムについても「入場の太鼓」の七回目の微妙なちがいに気がつきました。さらに昔、指導を受けてすっかり忘れていたことですが、太鼓をたたくときにばちの先ではなく、ばちの根元を縁に当てるようにたたくこと。そのためには体をなるべく太鼓に近づけること。堂端さんは「ずっとたたいていると太鼓の縁にあたって、手の皮がむけてきますよ」と言っていました。そうした体の位置、たたき方も「ちがう音」の原因となっているようでした。

今別の青年たちから学ぶ（2003年ドドキテツアー②）

午後は一時から踊りの指導を受けることにしました。いつものようにまず保存会の踊りを見せてもらうことから始まりました。踊ってくれたのは副会長阿部節三（当時）さんの息子、聖《たかし》さんと新さん、そして高橋純さんの若者たちでした。力みのないしなやかな動き、基本に忠実な体のさばきと目の位置、若者らしい激しい馬のふりと、見ていたみんなから「きれい」「美しい」の言葉が。この子たちが私たちの間に入ってつねにリードしてくれました。踊りの指導は午前中太鼓を教えてくれた佐藤繁雄さんが中心に進めてくれました。今別の動きは小学校の先生たちはある程度できているが、幼稚園の先生たちは荒馬座の「荒馬踊り」に見られる跳ねる動きが身についてしまっているせいか、今別の動きになじむのに時間がかかりました。しかし、佐藤豪さんや平野内さん、さらに阿部さん、相内さんなどが個別に細かくチェックしてくれて、前半の二時間でかなりできあがってきました。私もいきなり「先生！　そこちがうよ」と踏み替えの時遠くに足を運ぶのでなく、傾いた体の下の視線を落とした先にめがけて、足を落とすことを改めて直されました。

竜飛組が三時過ぎに戻ってきました。そこから後半の指導。「手綱《たづな》取り」です。指導は会長の奥様の佐藤千恵子さん。千恵子さんは午前中のうちにシーズンオフということもあって、いくつかの店で扇をあるだけ集めてくれました。その扇をそれぞれが買って、はじめに「はねと」の動きから入ります。輪になって「らっせらー」の声をかけながら、時計回りに跳ね続ける。一回ごとに踊り終わるとどっと疲れる。でもこの単純な繰り返しの中に不思議な楽しさがあります。輪の中に言いようのないエネルギーを感じます。アイヌの「ポロリムセ（参加者みんなで輪になって踊るもの）」に通じる世界がここにあります。交代で馬をつけたり、手綱取りになったりして組み合って何回か練習します。このあたりから踊ったり、太鼓をたたいたり、笛を吹いたり、みんな自分なりの課題で練習が展開されていきました。気がつくとお囃子も踊りも私たちだけの瞬間がありました。長い間、今別荒馬に取り組んできた歴史を感じる場面でした。帰途に着く人もいたので、一度記念写真を撮ってから練習の最後にもう一度保存会に通して踊ってもらうことにしました。若者に交じって佐藤繁雄さんも馬をつけて踊ってくれました。やはり年輪を感じさせる素敵な踊りで

今別荒馬保存会のみなさんと（2003年ドドキテツアー②）

す。手綱取りには千恵子さん、後からかけつけてくれた小田切つや子さん、そして和光からも数人が挑戦しました。繁雄さんが「馬はね、いやだ、いやだ、行きたくないといって手綱取りに引かれて出てきます。だから横にこうして振るんです」と入場の踊りを教えてくれました。

交流会は小山内旅館一階。つや子さんが自家製どぶろくを、保存会も清酒「荒馬」やまぼろしの酒「田酒」を差し入れてくれました。私は主に平野内さんと飲んでいました。お祭りの人形ねぶたは、かつては青森の作者に依頼していたが、ここ数年は堂端さんが作ってくれるようになったこと、青年会と保存会の今までの関係のこと、青年が町を出てしまい後継者がなかなか育たないことなど、他の芸能の保存会にも共通する悩みを抱えていることを話してくれました。かつては松前藩の本州側玄関口として栄えた村、青函トンネル工事のときはその本州側としてにぎわった町、確かにお祭り以外のときに行くとひっそりとしていいます。いつまでも保存会との絆をつなげていく上でも、町の活性化を私たちも願いたいと思いました。どちらの保存会も「夏の祭りに来てください。祭りでいっしょに踊るのが一番ですよ」と誘ってくれました。いずれにしても今回の参加者を含めて、夏の祭りには行きたい、そして保存会に声援を送りたいと思いながら今別を後にしたのです。

（3）今別荒馬祭りに参加する和光の子どもたち

「園田さん、今別の佐藤豪《ごう》さんと話していたんだけど、今年の荒馬祭りで和光の子どもたちがいっしょ

今別荒馬祭りに参加する（2010年）

に踊れそうだよ！」と平野先生から電話をもらったのが、二〇〇六年の春だったと思います。二〇〇三年の「荒馬を学びなおす旅」以来、毎年民舞研の仲間と共に、八月六、七日の今別町内で行われる荒馬運行（町内を練り歩き、辻つじで踊ること）に参加してきました。今別では八月四日に「今別荒馬祭り（合同運行）」を行っていて、そこでは今別保存会と大川平保存会、その他八幡町荒馬の会などが合同運行を行っていましたが、そこに参加したことはありませんでした。私も平野先生も、和光の子どもたちに地元の祭りに触れてほしい、そこで本物の踊りに出会ってほしいと考えていましたから、踊りに触れるだけでなく、祭りに参加できる。平野先生からの話は夢のようでした。

さっそく両小学校にお誘いをしました。遠い今別まで私たちだけで連れていくというわけにはいきません。夏休みでもあり、家族で現地集合。宿も交通もそれぞれの家族に任せました。どの程度が参加してくれるか不安でした。それでも七、八家庭が参加してくれました。この年は、地元の（荒馬で使う）馬を借りて和光の子どもたちも保存会といっしょに合同運行に参加しました。私は、初めて「今別荒馬祭り」に参加しましたが、ほかの荒馬の団体にも出会えること、祭りのにぎわい、海峡花火大会、そして夜の保存会のみなさんとの交流など、地域の運行ではないもう一つの地元の魅力があることを発見しました。荒馬祭りはもう一つの側面がありました。七、八日の町内の運行には、各地から私たちのような荒馬ファンの教師や学生たちがたくさん参加していて、運行の隊列も立派なものでした。一方荒馬祭りは地元主体なので、運行の参加者はぐんと少なくなり、祭りにしては寂しい感じでした。ここに和光の子どもたちがたくさん参加したらいいだろうなあと漠然と感じたのです。

翌年から、平野先生と私はもっとお誘いに力を入れました。本物に出会うことがどれだけ踊りを豊かにするか、地元のお祭りに参加できることが今の時代にどれだけ価値あることなのか、私たちの熱い思いをお知らせに書き込んだら、翌年は二〇家庭以上の参加申し込みがありました。学校から子どもたち用の馬を私は運ばなければならないという、うれしい悲鳴を上げたのです。この年から、祭り当日一五時にねぶた小屋前に集合して、運行の準備、一八時から合同運行参加。そのあと、大人は交流会、子どもは海峡花火大会。翌日午前中は保存会からの講習会。

今別荒馬保存会から学ぶ和光の子どもたち

という日程が定着してきました。

二〇〇九年は四〇家庭を越え、そこを頂点にして、毎年二〇から三〇家庭の参加者がありました。すっかり地元の方たちにも、「荒馬祭りの和光小学校」として知られるようになってきました（祭りの日程は当時のものです）。

（4）はねこ踊りの祭りに参加する～和光ドドキテツアーのはじまり

二〇〇二年の「ドドキテツアー教師版」で、地元「はねこ踊り保存会」から、私たちは初めて直接踊りの指導を受けました。それまでは四年に一度の寺崎八幡神社の例大祭で披露される「はねこ踊り」を見に行っては、その隊列の後ろに勝手について踊ったり、相手の迷惑も省みず休憩時間に沿道で多少教えてもらったりした程度でした。その程度で長年子どもたちに踊りを指導してきたのです。でも佐々木会長は「平野先生が一九八〇年代からこうして祭りに参加してくれたおかげで、民舞研とのつながりが続いてきたのです」と私たちの取り組みを評価してくれました。

そのような経緯もあって、ドドキテツアーの翌年、二〇〇三年に民舞研としては初めてとなる「寺崎はねこ踊り講習会」が和光鶴川小学校を会場に行われました。保存会から一〇名近くが上京し、「踊り」「太鼓」「笛」のコースに分かれた充実した講習になりました。和光の子どもたちは幸運にも、間近で本物の「はねこ踊り」を見ることができたのです。

そしてその翌年は二〇〇四年、オリンピックの開催年であり、寺崎八幡神社の四年に一度の例大祭の年です。この年から、和光両小学校の父母に呼びかけ「寺崎はねこ踊り」を実際に見る旅「和光ドドキテツアー親子版」を始めました。この初年度は現地集合でしたので、父母たちはそれぞれの自家用車で駆けつけました。それでも十数家庭が参加し、大祭の保存会の隊列に交ざったり、子どもたちも沿道で指導を受けたり、夜は会長の家で交流会をしたり、それは楽しいツアーになりました。しかし、宮城県といっても、地元桃生町《ものうちよう》（現・石巻市）は仙台から車で一時間以上もかかる場所で、東京からは東北道を七時間程度かかる遠いところです。さすがに一部の父母からは「園田先生、次回からはバスをチャーターしてください」と要望が出されました。

さらに翌年、事務局長の西條さんから思いがけない電話をもらいました。「園田先生、桃生町では『はねこ踊り』の祭りを毎年開いています。そこでは、はねこ踊りの『コンテスト』や『パレード』をやっているのですが、和光のみなさんで参加しませんか」ということでした。保存会からこのようなお誘いを受けるまで、つながりができたことはうれしいことです。「桃生ふれあい祭り」と称するこの祭りが「ドドキテツアー」を盛り上げることになりました。四年に一度のはずのツアーが、この年から毎年行うことができるようになりました。

毎年和光両小学校の三年生に呼びかけている「和光ドドキテツアー」は、多い年で七〇家庭、少ない年でも四〇家庭程度の参加があり、もちろん大型バスをチャーターしての桃生行きとなります。朝早く、東京を発ち、午後の「はねこ踊りコンテスト」に間に合うように会場に到着。地元の上手な子どもたちのグ

はねこ踊りコンテストに出場する和光の子どもたち（2014年ものうふれあい祭り）

ループを相手に、コンテストで和光の子どもたちは堂々と踊ります。現地のお囃子ですから、微妙にずれていく感じにも動じません。「これが芸能の力なのか」と感じます。夜になると、沿道にたくさんの見物客が集まります。いつも和光は保存会のお囃子隊の山車《だし》のすぐ後ろで踊らせてもらいます。放送で「はるばる東京から参加の和光小学校、和光鶴川小学校の子どもたちです」と紹介されると沿道から大きな拍手が。子どもたちの踊りが地元の本物のお囃子に導かれるように、どんどん良くなっていくのがわかります。パレードが終わると大花火大会。子どもたちの頭上で花火がはじけます。今別と同じように、花火で照らされる子どもたちの顔が輝いて見えます。翌日の午前中は、保存会による講習会。子どもたちは一通り踊れていますが、保存会の若山さんや渥美さんの目にかかると細かいところでのチェックが入り、厳しい指導が続きます。「みんなはここに来られなかった友達の分もちゃんと踊りを覚えて、学校で伝えてください」といわれ、ちょっと疲れ気味ではありますが、頑張って踊っています。

二〇一〇年までは、講習会が終わると保存会のみなさんと集合写真を撮って、東京に戻る日程が繰り返されました。しかし、東日本大震災以降、「和光ドドキテツアー」は、必ず被災地支援を合わせて行うようになりました。前述したように、「寺崎はねこ踊り」の伝わる桃生町は石巻市にあります。石巻市は最も大きな津波被害を受けたところです。二〇一一年は、炊き出し支援、物資支援、北上川開き祭り支援、義援金など保存会を通して様々な支援をしてきました（詳しくは第四章参照）。翌年から「桃生ふれあい祭り」が再開されました。私たちは二日目の講習会の後、必ず大川小学校を慰霊で訪問するようになりました。これからも「ドドキテツアー」と被災地支援は切り離すことができないでしょう。

寺崎八幡神社例大祭ではねこ踊りを踊る和光の子どもたち（2008年）

第四章　三・一一東日本大震災と民俗舞踊

二〇一一年三月一一日、午後二時四六分。東京でも強い揺れを感じる大地震が東北と関東北部を襲いました。後日、「東日本大震災」と名づけられたこの巨大地震による大津波は、私たちとの交流のある保存会の人々が暮らす岩手県や宮城県の沿岸部に到達し、甚大な被害をもたらしました。

私たちの学校でも、停電や交通機関のマヒなどと共に、その後起こった福島第一原子力発電所の爆発事故による、放射性物質の関東への飛散などの影響で、学校再開に時間がかかりました。

少し落ち着いたところで、民舞研の仲間たちと共に東北の情報収集を進めました。三月一六日には、さっそく中野七頭舞《なかのななずまい》保存会の山本恒喜《やまもとつねき》さんからのメールが転送され、小本《おもと》が全壊したとの悲しい知らせが届きました。また大森神楽《かぐら》保存会や石巻のはねこ踊り保存会からは、直接的な被害は少なかったものの、ライフラインが止まってしまっていることや、物資が不足しているなどの情報が寄せられました。虎舞《とらまい》の里釜石も大変な被害だっ

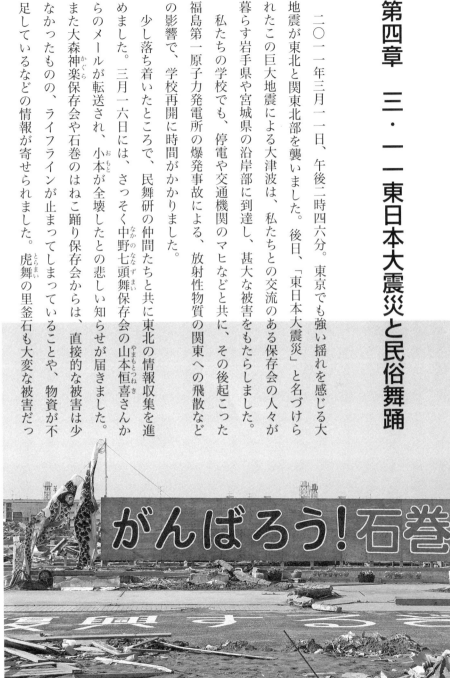

たことが少し時間を置いて伝わってきました。詳しくは第二部の対談でご紹介します。

（1）支援は石巻に～一回目の支援

和光鶴川小学校は、二〇〇三年の宮城県北部地震の時も、寺崎はねこ踊りを踊った三年生が秋祭りの収益を義援金として、桃生町《ものうちょう》の中津山第二小学校に送り支援をしました。御礼に桃生産の米が届いたり、その後、桃生中学校の東京への修学旅行で、和光小に寄ってくれて、直接踊りの指導などもしてくれたり、その交流が続いていました。そこで学校としてはつながりのある石巻市に被災地支援をしていこうと考えていました。

そのきっかけは和光鶴川小学校の韓国の姉妹校から、支援物資として毛布百枚が送られてきたことでした。さっそく保存会を通じて石巻市に問い合わせると、被災地では毛布類は行き渡っているが、今必要なのは被災した方々への義援金と下着や紙おむつなどです、ということでした。そこで毛布は災害物資として学校が買い取り、その金額を義援金に回すことにしました。

そんな話を聞きつけた児童会の子どもたちが、「僕たちも被災地のためにカンパを集めたい」と全校に義援金を呼びかけました。父母・教職員や隣の鶴川幼稚園もそれに協力し、同時にこれから必要といわれた下着や紙おむつも集めることになりました。子どもたちは、三年生が踊っている「寺崎はねこ踊り」の里、桃生町のある石巻市を支援したいといいました。毎年九月の桃生の祭りに参加したこともある子どもたちらしい発想でした。石巻市は今回の震災でも東北で最大の被害を受けた地域です。踊りを通した地元とのつながりを大切にしてきたことが、こんなところでも生きていくことに不思議な絆を感じます。一か月もしないうちに、五〇万円を超える義援金と、副校長室にいっぱいの物資が集まりました。

石巻市長（左から二人目）に子どもたちが集めた義援金を渡す（2011年5月）

五月一三日の深夜、マイクロバスの後部座席をつぶして支援物資と炊き出しの物資を積み込み、徹夜で石巻に向かう教職員一一名の支援の旅が始まりました。東北道は福島に入ると路面は大きく波打ち始め、サービスエリアの駐車場はボランティアの大型バスなどで埋まっていました。石巻河南ＩＣを降りて、市街地に向かうにつれて津波による被害が次々目に飛び込んできました。商店街の店はみんな一階部分が浸水していて、土砂のあとがありました。中心部の歩道は地震や液状化の影響で、路面が波打って亀裂が走っていました。

桃生の祭りの際によく立ち寄った「石の森章太郎漫画館」に向かいました。ここは北上川河口近くの中州にあります。商店街を抜けて北上川の橋を渡るとき、私たちは言葉を失いました。この中州周辺は、漫画館を除いてすべて流されていました。ガードレールは大きな力で倒されていて、あるはずもない大きな船が、漫画館の横に流れ着いていました。漫画館だけがモニュメントのようにぽつんと立っていまし

桃生小学校体育館の炊き出しに駆けつけた寺崎はねこ踊り保存会の方たちと（2011年5月）

た。一階部分は浸水し、その玄関に張ってあるベニヤ板に、支援に来た人々の様々なメッセージが書き込まれていました。「再開の日が必ず来ると信じています」「何回もここで楽しみました。残念です」「流されなくてよかったです。また来ます」「がんばれ漫画館、がんばれ石巻」……。メッセージの前に、ここに流されてきた品々が置いてありました。写真アルバム、食器、かばん……どれも持ち主にとっては大切なもの。しかし、持ち主は現れないようです。時折ボランティアらしき人たちが通りかかるだけで、町は沈んでいました。私たちはバスに再び乗り込み、海沿いを進むことにしました。テレビで見るような、がれきしか残っていない石巻の町なみでした。この町の復興には、相当な時間と労力が必要だと感じました。

今回の支援物資は、保存会のつながりで石巻市桃生支所に届けることになっていました。鶴川小学校の父母たちが寄付してくれた、下着や紙おむつなどの入った段ボール数箱をお渡ししました。ここから、避難所に指定されている桃生小学校で炊き出しをやるグループと、石巻市役所に義援金を渡すグループに分かれました。石巻市役所へは、私と副校長、事務長の三人が向かいました。たぶん当時全国で一番忙しい市長である亀山市長（当時）が直接会ってくれることになったのです。八月の石巻川開き祭りは今年もやりますので、ぜひ来てくださいと誘われました。子どもたちが集めた義援金をお渡ししました。

桃生小学校に到着すると、炊き出しグループによる「沖縄そば」の炊き出しはほぼ終わっていました。日中この避難所は勤めに行く人、学校に行く人、病院に行く人でほとんど体育館の中には人はいなくなるそうです。でもスタッフの方たちが、九日は東京からの支援者が「沖縄そば」を炊き出しに来るからぜひ食べて、と宣伝してくれたそうです。みなさん楽しみにしていたようです。あるおばあちゃんから、「こんな温かい炊き出しは久しぶりです。ありがとう」と感謝の言葉を受けました。避難所の方たち、スタッフ、そして保存会の方たちに見送られて私たちは再びマイクロバスで桃生を後にすることになりました。

（2）行ってみてわかる被災地の状況〜二回目の支援

今回の支援で、やはり行ってみないとわからない現地の状況がわかりました。市長さんは、「これからは夏に向けてタオルケットや夏物の衣料が必要になるでしょう。また被災者の生活は大変です。義援金は寄附金とちがい被災者に直接届けられるものですからとても助かります」と言っていました。

そこで夏に向けて全校にタオルケット一〇〇枚を目標に呼びかけたところ、なんと二三〇枚も集まりました。炊き出しは、今回は夏なので「おいなりさん」と「冷やしそうめん」を作ることになり、事前の「おいなりさん作り」には、二〇名の父母の参加、そして現地への炊き出し支援にも三名の父母が同行してくれました。支援の輪がどんどん広がって、参加の仕方も豊かになっているようです。

前回入った桃生地区の避難所は縮小されたりなくなったりしているので、桃生支所の紹介で今回は河北地区に入ることになりました。七月一日、いつものように夜中に学校を出発、明け方には宮城に入りました。被災地の様子は少し変わっていました。がれきは少しずつ種類ごとに整理されていて、町中に人が増えて復興は確実に進んでいるようでした。前回自衛隊の車両であふれていた三陸道も、その姿をまばらに見るほどでした。

私たちはこの震災で多くの児童が犠牲になった、河北町にある大川小学校に寄りました。一〇八名の全校児童のうち半数以上が犠牲になりました。同じ小学校の教師として、どうしても訪れたいところでした。新北上川を南下すると、堤防のあちこちが決壊し工事中でした。大川地区に近づくと、堤防の外側家屋がひどく破壊されています。北上川をさかのぼった津波が、高い堤防を乗り越えて住宅を押し流したことがわかります。大川小学校の横にかかる北上川大橋は、向こう側半分が流されてありませんでした。大川小学校が見えました。校舎の一部は残されていましたが、それ以外はすべて何もなくなっていました。がれき撤去のための作業員の方とダンプが忙しく動いていて、関係者以外は近寄ることができなくなっています。関係者らしい人々が、周囲を歩きまわっていました。また警察の車両も何台も来ていて、もしかすると行方不明の児童の手がかりが見つかったのでしょうか。臨時に設置された献花台に花を手向け、私たちは黙とうしました。

タオルケットは、石巻市内で最大の避難所、「河北総合センター（通称ビックバン）」に届けました。ここには当時三〇〇人が避難していました。到着すると館長さんが館内放送をしてくれました。とたんに長

炊き出しに協力してくれた
和光鶴川小学校の父母たち
（2011年7月）

い行列ができました。みなさんタオルケットを本当に必要としているんだなあと思いました。用意した一三〇枚のほとんどが渡ることになりました。タオルケット一枚一枚には寄付してくれた和光の父母や子どもたちからのメッセージが書かれています。みなさんそれを読みながらお礼の言葉を下さいました。私は「たいへんでしょうが、遠く東京の空の下からいつまでもみなさんを応援しています。はやく普通の生活に戻られることをこころから祈っています」と挨拶《あいさつ》させてもらいました。館長さんに話を聞くと、「これからどんどんみなさんは仮設住宅に移動していきます。そうすると必要とするものは個別化していきます。被災者の支援はもっときめ細かさが必要です」と話してくれました。もっともっと地元とつながって、私たちができる支援の在り方を考えなければならないと思いました。

続いて炊き出し支援をする飯野川第一小学校に向かいました。この小学校には八〇名近い方が避難生活を送っています。大川小学校で助かった子どもたちもここに通っています。天気も回復し、少し暑い中で、具たくさんの「冷やしそうめん」と「おいなりさん」は大好評でした。ここの避難所は子どもたちも多く、元気にお代わりする姿もあって私たちも元気をもらいました。

はねこ踊り保存会は、八月一日の「石巻川開き祭り」に参加するそうです。こんなときだからこそ、祭りを盛り上げてみんなが元気になるようにしたいという思いからだそうです。私たちもこの祭りに参加したい。そこに集う人たちとともに、石巻の復興を願いたい。次回の支援は八月一日にしました。

人とつながるとき、別なところでもつながりあっていたことを後から知ることがあります。そんな偶然の出会いがまたありました。二学期になってある父母から、「実は私の母が大川小学校のOBで、偶然に和光鶴川小学校が大川小学校への慰霊と飯野川第一小学校に来たことを地元の方から聞いたそうです。自分の孫が通う小学校の先生たちが、津波で流された自分の母校を訪れていたことに驚いています。大川小学校・中学校OBで作るホームページに出ていますので見てください」といわれました。ホームページには、OBの方がその偶然の出会いのこと、和光鶴川小学校と石巻市とのつながりのこと、そして鶴小への感謝の言葉が添えられていました。石巻市に伝わる文化を通して交流してきたことが、今回の震災で、さらに豊かな人とのつながりに広がってきたこと。そのことにまた元気をもらう出来事でした。

（3）祭りに参加しよう〜三回目の支援

八月一、二日と第三回目となる支援に行きました。第二回目以降集まった義援金をまとめて、今回も石巻市長さんに直接お渡しすることになりました。今回の支援は義援金をお渡ししながら、川開き祭りにも

義援金をはねこ踊り保存会を通して渡す（2011年8月）

参加して、石巻市のみなさんを励まそうということになったのです。

和光の子どもたちはここ数年、九月中旬に行われてきた「桃生《ものう》ふれあいまつり」に参加し、「寺崎はねこ踊りパレード、コンテスト」に地元保存会や各学校と共に出場してきました。しかし、今回の震災で会場が仮設住宅の敷地となり、しばらく使用できないことから祭りそのものも中止が決まっていました。「ふれあいまつり」のかわりに子どもたちに「本物のはねこ踊り」を見てもらえる機会にしようと、和光両小学校の三年生にも参加を呼びかけたところ、二〇家族、五〇名ほどが参加をすることになりました。亀山石巻市長に義援金をお渡しした後、川開き祭りに参加した私たちに保存会の方々は、「せっかく来たのだから一緒に踊りましょう」と誘ってくださいました。

保存会の隊列の後ろで踊っている私たちに、沿道の市民の方が声をかけてくださいました。夜、保存会のみなさんが交流会を開いてくれて、子どもたちに本物のはねこ踊りをたっぷり見せてくれました。石巻市を支援し、励ましに来た私たちでしたが、結局毎年のように地元の方たちに元気をもらうことになりました。地元に足を運び、地元の方たちと交流することで、被災地の心を感じるのです。ひきつづき支援していこうと心に決めて石巻を後にしました。

震災後再開された寺崎八幡神社例大祭に参加する和光の子どもたち（2012年9月）

（4）「つなみがゆるせない」～大川小学校に行って

大震災の翌年の二〇一二年は、寺崎八幡神社の四年に一度の大祭の年でした。例年のように「和光ドドキテツアー」を計画し、両小学校の三年生を誘ったところ、子ども家族一二〇名以上が集まり過去最大のツアーとなりました。大震災で地区の民宿は損壊したため、永井地区にある集会場をお借りしてのみんなで雑魚寝《ざこね》。父母たちによる自炊。一年生から合宿を経験しているせいか、和光の子どもたちも父母たちも慣れたものです。神輿《みこし》や獅子舞《ししまい》、神楽《かぐら》など昔ながらの祭りに参加し、和光の子どもたちも地元の子と一緒に神輿を担いだり獅子舞を見物したりと楽しみながら、はねこ踊り保存会と一緒にこの本場のお囃子《はやし》で踊りました。

今回も祭りに参加するだけでなく、被災地もしっかり見ていこうと計画に入れました。この「和光ドドキテツアー」と呼んでいる毎年の「本物のはねこ踊りにふれる旅」の案内を出した時から、三年生のM子は、個人で義援金を集めるために近所を回りました。石巻市の職員の方が宿泊施設まで来てくれて、挨拶《あいさつ》してくれたのでM子から直接手渡ししても

大川小学校を慰霊する（2012年9月）

らいました。三年生にもなると、こうしたことへの関心と行動力が生まれてくるのだと感心しました。

多くの子どもが犠牲になった大川小学校を訪問しました。花を手向《たむ》けたあと、みんなで津波によって破壊された校舎を見学しました。私と一緒に歩いていたK男が、ふとつぶやきました。「ぼくは、つなみがゆるせない」……自分と同じ小学生の無念さに寄り添う中で、どこにぶつけていいのかわからない怒りがK男の心に湧いてきたようです。人の気持ちがわかる、相手によりそう。少年・少女期に入った三年生らしい表現と行動でした。

本物の「寺崎はねこ踊り」に出会い学ぶ旅「和光ドドキテツアー」を、和光両小学校に呼びかけて、一〇年以上がたちました。二〇一一年からは、「ドドキテツアー」に必ず被災地支援と、被災地の訪問を位置づけています。地元とのつながりの中で、民俗舞踊を指導してきましたが、地元に何かがあったときに、他人事ととらえることなく、関心を持ち続けてこられたことは、「民舞に取り組んできてよかった」と思うことの大きな一つです。

第五章　民俗舞踊教育のこれから

(1)「若者の流出」「過疎化」「少子高齢化」の中で今、地元は

二〇一三年八月五日、今別町中央公民館において「青森県まるごとあおもり発信チーム」主催の意見交換会「荒馬《あらま》の可能性」という名のシンポジウムが開催されました。二〇一六年に新幹線が北海道まで延伸し、その本州側の玄関口「奥津軽今別駅」が開業します。今別の魅力を全国に発信する中の一つに「荒馬」が取り上げられたのです。チームの代表が次のようにあいさつしました。

「青森にこのような祭りがあるということを初めて知った。若者がたくさんいて圧倒された。今別町にとっての発展につながるようなことを考えて行きたい」

地元青森でさえ、今別荒馬を知らない人々が多いことにまず驚かされました。参加者は今別荒馬保存会会長の堂端《どうはし》弘隆《ひろたか》さん、ねぶた実行委員会の阿部節三さん、八幡町会副会長の秋元豊さん、大川平《おおかわだい》荒馬保存会会長の宮越哲英さん、荒馬の里協議会の嶋中卓爾さん（いずれも当時）、私たちにとってはおなじみのメンバーが集まりました。また今別荒馬を実践している団体として、民舞研から東田晃さんが、和光学園か

東奥日報

躍動感あふれる踊りを披露する荒馬の参加者

手綱しなやか 踊り躍動

勇壮な荒馬 観衆を魅了

今別

今別町の荒馬（あらま）まつりが4日、開幕した。町民や常連となっている県外の学生ら約300人が参加。力強い馬役の男性と、しなやかな手綱取りの女性がペアとなり躍動感あふれる踊りを披露、沿道の観衆を魅了した。（岡村理穂子）

◇　◇

午後6時、勇壮な太鼓の音が祭りのスタートを告げると、3団体が今別駅を出発。ねぶたとともに海辺の「さざなみ公園」まで2キロ近くを練り歩いた。

速いリズムに乗り活発に踊る「今別荒馬」と、動作が大きく優雅な「大川平荒馬」があり、それぞれの保存会や子ども会が、沿道の所々で舞い踊ると、住民や帰省客らが大きな拍手を送っていた。名古屋大学や立命館大学の学生も堂々と練習の成果を見せていた。

授業で日本の伝統芸能を学んでいる東京の和光小学校と和光鶴川小学校の児童45人も参加。和光小副校長の園田洋一さん(55)は「荒馬は動きが豊かでリズミカル。みんなで踊りを楽しめる」と魅力を語っていた。

主催は町観光協会。会期は7日まで。初日以外は各団体が各地区で自由運行を行う。

和光の今別荒馬祭り参加を報じる地元紙「東奥日報」

ら私が、他に立命館大学、立命館アジア太平洋大学、名古屋大学などにある民族芸能サークルの代表。そして今別町役場、広告関係者、アドバイザーの方々など今別荒馬に関わる多彩な参加者でした。荒馬に関わって、これだけの顔ぶれが集まること自体がそのまま荒馬の魅力を物語っているようでした。ただ、シンポジウムの冒頭に各保存会から話された話題は明るいことだけではありませんでした。

堂端さん（今別荒馬保存会）　以前は保存会加盟の人だけでどうするかとやってきたが、だんだん年をとってきた。若者に伝えていかなければ、しかし教える対象がいない。そこで、小学校、中学校で指導。しかし実際は今別の祭りで披露するのが本当。舞台でやるためにアレンジしているところがある。構成して短い踊りを見せるようにしている。全国から教えてくださいという人がくる。すると、我々も原点に帰らないとならない。くる人もそれを求めてくる。今までは荒馬座、わらび座が広めた。それを本物はどうなのかということで地元に見にくる。本物は華やかさはないが美しさがあると言われた。しかし実際は地元の人に教えるという機会はない。青森に行ってしまったり。全国からくる人たちは青森弘前五所川原を素通りしてくる。その良さを地元の人が感じるべき。そうした人たちに影響を受けて徐々に地元の若者もくるように。

宮越さん（大川平荒馬保存会）　大川平も同じような状況。小さな部落、保存会をつくったのは自分たちの芸能を各地で、外でやるということを考えてやってきた。そういう中で外からきてくれる人がいる。地域的に三キロしか離れてないし、同じ状況だ。

阿部さん（今別ねぶた実行委員会）　保存会が中心になって実行委員会をやっている。ねぶた愛好会でやってきたが年齢が高くなり、やっていけなくなり保存会がやるようになった。青年団だけではできなくなり、子ども会も減り、今は二つしかない。こういう祭りを絶やしてはいけないと思ってやってきた。今年も一七年。いい面と悪い面があるが、本番のねぶたに参加できないからと京都から事前に紙張りにきてくれた方もいる。長い中での信頼関係がある。今別の言葉でいえば「けやぐ」、そういうことが力になっている。前はねぶた小屋も移動があり大変だったが立派なねぶた小屋が立った。今まで主張してきたことが実ったといえる。今は若い人たちもだんだん入ってきてくれたりしている。今別に人形ねぶたは今は一つしかない。これをなくさないためにどうしていくかと思っている。これからの世代がねぶたを継承して行ってくれたらと思っている。

秋元さん（八幡町）　八幡町のこれまでの取り組み。地元の子どもたちが少なくなってきている。二〇年前は子どもがたくさんいた。その時は保存会とも一緒にやってきた。しかし少なくなってきた。中学生になるとこなくなったり。宮城教育大学、ほうねん座がきて交流が続いている。

八丈島から習いにきた先生。学生たちが卒業して、岩手、福島、宮城などでもやっている。子どもたち、特に障害を持つ子どもたちにリズムがいいようだ。それで、結婚した夫婦も出ている。名古屋大学もきてくれていた。きてくれる人はどなたでも受け入れている。最初地元のお母さんたちは何でよその人をこんなに面倒見るんだという声もあったが、今はみんなが受け入れてくれている。

嶋中さん（荒馬の里）　みなさん言った通り。一三年前までは青年団、でも青年団がなくなって保存会が受け継いだが、ねぶたができなくなるというところだった。そこに立命館大学、その後アジア太平洋大学、名古屋大学ときてくれるようになった。秋元さんと同じで、最初は何でと地元では言われた。今はそういうことはない。結婚して子どもができた学生さんが連れてきて孫ができたような気持ちがしている。これからのことでいえばこれから大学生たちはきてくれるのかな。また、子ども会は子どもが減ってなくなった。そこはどうするか。閉校した学校校舎を荒馬の里資料館にしているが、維持管理が大変と思っている。

……………………………………

民俗舞踊の地元は例外なく「若者の流出と過疎化」「少子高齢化」「後継者問題」などに直面しています。だからこそ、今別の魅力をどう発信していくか、町をどう活性化するか、などシンポジウムの大きなテーマとなったのです。

　私は実践者の立場から次のような発言をしました。

園田　私たちが初めて今別に入ったのが一九八〇年。そこから毎年今別に通い、青年団や保存会から荒馬を学んできた。私たちの学校では主に二年生が今別荒馬を秋の祭りで発表している。子どもたちはみんな荒馬が大好きだ。数年前から、今別荒馬祭りに参加し、今別ねぶた実行委員会の隊列に交ざり、いっしょに踊らせてもらっている。今年も四五名の小学生と親御さん合わせて一〇〇名あまりが参加した。その人たちがくるのはなぜか。荒馬には次のような大きな魅力があるからだ。①踊りそのものの動きが楽しい②踊りに込められている意味がおもしろい③お囃子の魅力④人と人とがつながりあえる⑤同じ地域に今別と大川平があり、近いのに全く違う文化を持つ踊り……他にもたくさんあるが、荒馬は全国の学校や保育園、幼稚園などで実践が続いている。これからも今別に通い続けたい。

……………………………………

（2）若者たちが地元に戻ってきているのは

民俗舞踊伝承の課題は近年、多くの地域に見られることです。「大森み神楽《かぐら》」が子どもたちによって伝承されてきた衣川《ころもがわ》小学校大森分校も、一九九七年度で閉校（休校）になりました。この分校での「みかぐら」の伝承は出来なくなりましたが、当時の分校の子どもたちが青年になって、現在「大森神楽保存会」を立ち上げ、衣川小学校で子どもたちにも伝える活動をしています。今別荒馬《いまべつあらま》は私たちが取材に入った一九八〇年代には、町内にいくつもある子ども会ごとにねぶたを出し、子どもたちが笛も吹き、元気に踊っていました。その後この地域も少子化が急速に進み、大川平《おおかわだい》小学校も二〇〇四年に閉校、今別小学校に統合されました。夏の運行（町内を練り歩く行事）には、東京や京都などから荒馬を愛する大学生がたくさん集まり、その隊列は立派でしたが、その中で地元の青年は数えるほどでした。しかし、ここ数年は青年たちが祭りには戻ってきて、運行でも講習会でも若い人たちが中心になって進めるようになりました。中野七頭舞《なかのななずまい》は、学校で七頭舞を学んだ小本《おもと》小学校や小本中学校の子どもたちが、七頭舞愛護少年団として組織され、祭りなどの舞台にも出るようになりました。こうした意図的な伝承者養成もあり、今や地元での講習会の講師はそうした若い人たちが中心です。

地方の過疎化と少子・高齢化の波の中で、一度は芸能の伝承が厳しくなった地元に若者が戻ってきたのはなぜでしょうか。それは地元の人々が伝統芸能の保存に力を入れるようになったり、祭りやイベントにも位置付けるようにしたり、といった地元の努力がまずあります。加えて、私たち外部の者たちを快く迎え入れ、自分たちの思いと共に丁寧に踊りを指導し、私たちが子どもたちに実践する中で、自分たちの地元の民俗舞踊はこんなにみんなに愛されている、こんなにみんなが喜んでいる、そういう姿を見ることで、改めて地元の芸能を再発見し、そこに関わることに誇りと喜びを感じるようになったことも大きいのではないでしょうか。ともすると否定的に見がちな自分たちの地域に、実は素晴らしい芸能が受け継がれ、その伝承に自分たちが主体的に関われる。そのことで若者たちがつながり、自分たちも捨てたもんじゃないと自信を持つようになる。民俗芸能が、外とつながったからこそ、その価値が再認識されてきたのではないでしょうか。

私たちは四〇年近く、地元と交流し、民俗芸能を見つめてきました。子どものころから知っている青年たちの成長を、親のようにまぶしく毎年見てきた者として、今彼らが自分たちの芸能を生き生きと踊り、語る姿は私たちにとってもわがことのようにうれしいことです。

（3）今、学校教育の中での民舞は

ダンスの授業に悩む体育教師たちが少しずつ「日本の踊り」を導入し、実践する中でたくさんの「民舞大好きな子どもたち」が育っていって四〇年以上になりました。二〇〇六年に改正された学校教育法では、「我が国と郷土を愛する態度を養うこと」などが教育の目標とされました。それを受けて改訂された学習指導要領には、国語、音楽、体育、道徳などに具体的な内容が示されました。体育「**第五学年及び第六学年　２内容　Ｆ表現運動**」には「**表現及びフォークダンスについて、身近な生活の中から題材を選んで動きに変化と起伏を付けて表現したり、地域の踊りや世界の踊りを身に付けたりして、みんなで踊りを楽しむことができるようにする**」と記されています。宮城県版小学校体育教科書「五年生」（光文書院）には、「ソーラン節」「エイサー」と共に、地元保存会の協力で「寺崎はねこ踊り」が図版入りで説明されています。

それにもかかわらず、現在、民舞を実践する学校も教師も激減しています。民舞研で講習会を開いても、ピークから比べて二割から三割の参加率です。民舞は時代に合わなくなったのでしょうか。和光小学校では四〇年以上、和光鶴川小学校では開校以来二〇年以上変わらずに各学年で民舞の実践を続けています。指導に当たる教師は、多くがこの間に教員になり、初めて民舞に触れた者ばかりです。それでも民舞は四〇年前と変わらず、子どもたちには人気で、歓迎されています。学校の秋の祭りで、自分たちの上の学年の踊りをあこがれとして見つめている姿は、毎年のことです。

ではなぜ、民舞の実践はやられなくなったのでしょうか。それは「学校の今」と深くかかわっていると思います。二〇〇八年の学習指導要領改訂で、それまでの「ゆとり教育」が見直され、二〇一一年からは授業時数も学習内容も増やされました。休みだった土曜日に授業を組む学校も出てきました。子どもたちが主体的・探究的に学ぶ「総合的な学習」や、豊かな文化に出会ったり仲間作りを深めたりする行事や課外活動も授業時数確保の中で、準備にかける時間も削られるようになりました。民舞の実践をしたくて

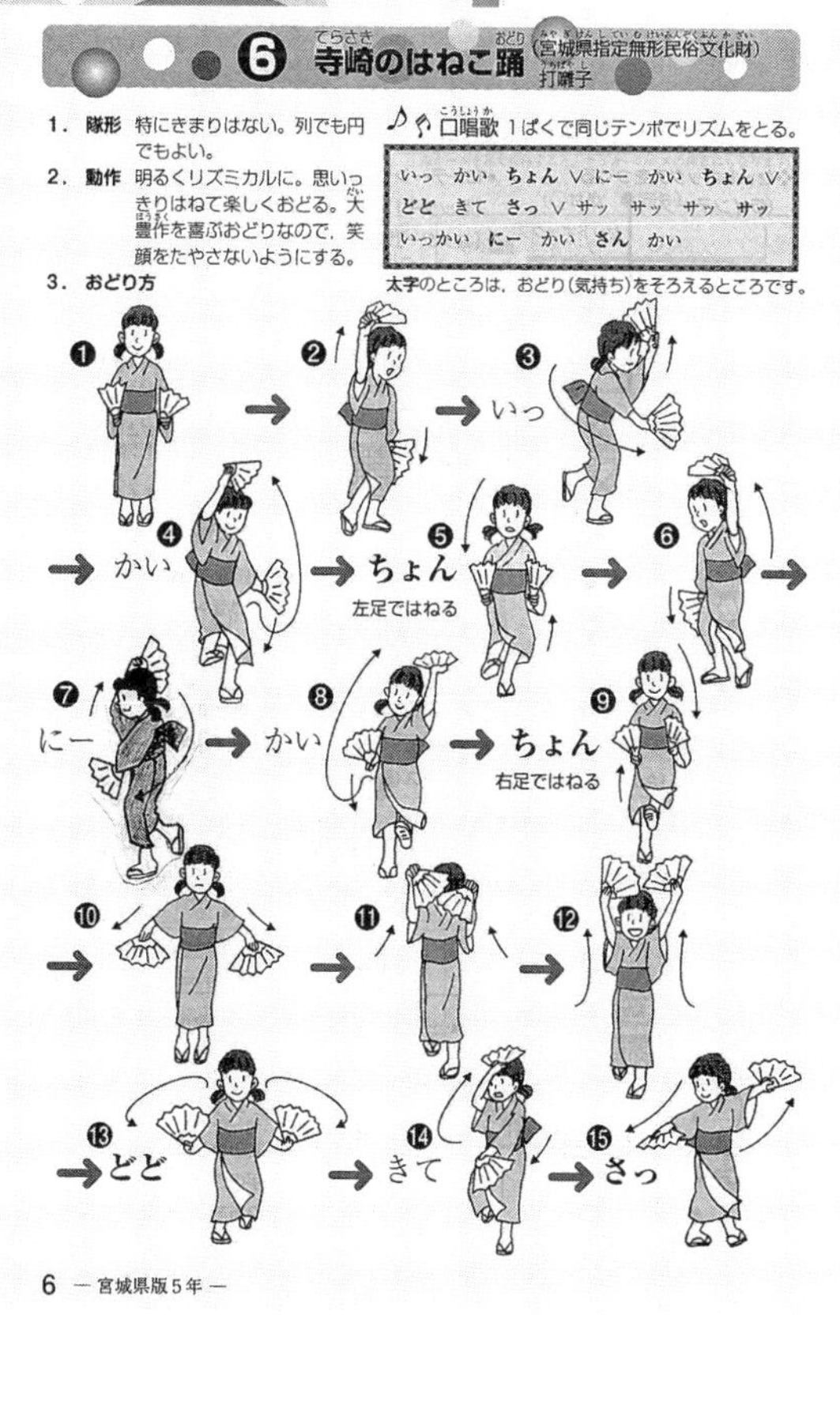

❻ 寺崎《てらさき》のはねこ踊《おどり》（宮城県指定無形民俗文化財《みやぎけんしていむけいみんぞくぶんかざい》）打囃子《うちばやし》

1．**隊形**　特にきまりはない。列でも円でもよい。

2．**動作**　明るくリズミカルに。思いっきりはねて楽しくおどる。大《だい》豊作《ほうさく》を喜ぶおどりなので，笑顔をたやさないようにする。

3．**おどり方**

♪ 口唱歌《こうしょうか》　1ぱくで同じテンポでリズムをとる。

いっ	かい	**ちょん**	V	にー	かい	**ちょん**	V
どど	きて	**さっ**	V	サッ	サッ	サッ	サッ
いっかい	**にー**	かい	**さん**	かい			

太字のところは，おどり（気持ち）をそろえるところです。

❶ → ❷ → いっ ❸ → かい ❹ → ちょん ❺ 左足ではねる → ❻ → ❼ にー → かい ❽ → ちょん ❾ 右足ではねる → ❿ → ⓫ → ⓬ → どど ⓭ → きて ⓮ → さっ ⓯

6 ─ 宮城県版５年 ─

体育の教科書で解説されている「寺崎のはねこ踊」

も、その条件が少なくなりました。

また、二〇〇六年から始まった全国学力・学習状況調査（全国学力テスト）によって、全国の学校と教師は「学力向上」に追い込まれています。子どもたちだけでなく、教師も学力という「結果」を外部から求められるようになりました。学習内容も多くなったことで、教師は今まで以上に多忙になりました。民舞を学んだり、練習したりする時間も取れなくなりました。

それでも運動会の団体演技で、何かに取り組まなければなりません。今でも、ときどき私のもとに「運動会で民舞をやりたいので教えてもらえませんか」という相談があります。私は喜んで指導させてもらっています。多くの先生は、実践し、発表した後の子どもたちの感想を届けてくれますが、どれにも民舞を踊った楽しさが記されています。しかし、こうした教師は少数で、多くの教師は練習時間を短縮できるパッケージ化された民舞教則ＤＶＤと音楽ＣＤを利用して指導している現状です。

今学校では、自分に自信を持てない、学校がつまらない、勉強についていけない、仲間とうまく関係を持てない、などの理由で、不安定な子ども、不登校の子どもたちが増えています。こうした子どもたちをさらに授業を増やしたり、登校日を増やしたり、学力テストで追い込んだりするのでなく、今こそ民舞に取り組んで、子どもたちに自信と輝きを取り戻してほしいと願っています。

第二部

舞い学び、踊り育つ

座談会「保存会と学校の中での民俗舞踊教育の実践」

今別荒馬保存会の方に馬をつけてもらう

私は、民舞に出会ってからのおよそ四〇年の中で、地元の保存会から指導を受け、その方たちの思いと共に、子どもたちと踊る楽しさを共有してきました。その営みは、民舞研の仲間も同様です。民舞として学校教育の中で教材化してきた民俗芸能はたくさんありますが、その中でも主に小学校で実践されている主な芸能を七つ取り上げて、それを地元とつながりながら実践してきた仲間と、保存会の対談により、取り組みの経緯やその芸能の魅力などを語ってもらうことにしました。

アイヌ古式舞踊（一年生）・・・・北海道各地
釜石虎舞（一年生）・・・・・・・岩手県釜石市
今別荒馬（二年生）・・・・・・・青森県東津軽郡今別町
寺崎のはねこ踊（三年生）・・・・宮城県石巻市桃生町寺崎
中野七頭舞（四年生）・・・・・・岩手県下閉伊郡岩泉町小本
大森み神楽（五年生）・・・・・・岩手県奥州市衣川区大森
園田エイサー（六年生）・・・・・沖縄県沖縄市
※（　）内は和光学園で実践している学年です。

司会は園田

国の重要無形民俗文化財指定・ユネスコ世界無形文化遺産登録

アイヌ古式舞踊

帯広アイヌ　広尾《ひろお》正《ただし》
×
埼玉県桶川市いなほ保育園園長　北原《きたはら》和子《かずこ》

いなほ保育園「ク・リムセ（弓の踊り）」

歌や踊りなど、喜びや悲しみを体で表現することはアイヌに欠かせないものでした。儀式の時や、親戚・友人が集まった時、あるいは仕事をしている最中など、さまざまな場面で人々は歌い、踊りました。アイヌの舞踊とは、自分たちが踊って楽しむだけでなく、祖先や神々に対して敬意や感謝を表す表現でもあります。

これらの踊りは地域によってリムセやウポポ、ホリッパといわれ、大勢で輪になって踊るものや、少人数で神々への祈りを表したもの、豊漁猟を祈願するもの、悪霊を追い払うためのもの、働いている様子を表したものなど、さまざまな種類があります。自然をとうとみ、自然と共存してきたアイヌ民族、その暮らしの中から生まれたアイヌの踊りは、動物や自然、狩猟や遊び、喜びや哀しみなど、さまざまなものがあります。また北海道各地のアイヌに、その土地特有の踊りが伝えられています。

（参考：「阿寒湖アイヌコタン」ホームページ
http://www.akanainu.jp/アイヌ古式舞踊／）

それは「オキクルミと悪魔」公演から

園田　広尾さんは長く、私たちにアイヌの踊りの魅力を伝え続けてきましたが、そのきっかけや経緯など教えていただけますか。

広尾　私がアイヌ以外に踊りを教えるようになったのは、なんといっても和光小の平野先生と丸山亜季先生（群馬県在住の作曲家で音楽教育の指導的存在）との出会いです。あれは札幌のキリスト教会だったと思います。当時、私はアイヌ刺繍指導の講師資格を取るために、三か月間札幌の小川早苗さん（札幌市在住、アイヌ文化の伝承者）のもとに通っていました。早苗さんは平野先生と亜季さんと交流がありました。それで初めてお会いしたんです。そこで「弓の踊り（アイヌ古式舞踊の一つ）を踊ってもらえませんか」と頼まれました。

園田　そのころ広尾さんはおいくつくらいですか。

広尾　三〇代後半かな、四〇に近かったと思います。困りました。歌をうたえる人がいなかったんです。そこで平野先生たちと一緒に来た古矢さんたちにわかにウポポ（アイヌの歌）を覚えてもらい、それで踊ることができたんです。それから平野先生との交流が始まりました。その後これも早苗さんルートで、札幌民舞研の方たちとも出会いました。はじめは「このシサム（和人、隣人の意味もある）の人たちは、何を考えているんだろう」と疑心暗鬼でした。毎週土曜日に習いに来るんですが、最初はぜんぜん様にならないんです。刺繍講座の卒業式の時、札幌民舞研の方が「明日東京に行きませんか」といきなり言うのです。連れていかれたのが和光小学校でした。

「オキクルミと悪魔」公演での広尾正さん（右）の「エムシ・リムセ（剣の踊り）」

園田　「オキクルミと悪魔（木村次郎・詩、丸山亜季・曲の歌曲）」の公演ですね。

広尾　そうです。その時に初めて、公演に向けて踊りの指導をしてほしいということがわかりました。それから平野先生たちは真剣に学んでくれるようになりました。最初の公演は札幌でしたよね。私は当時、仕事で川湯温泉（北海道弟子屈町《てしかがちょう》）で写真撮影に応じたり、アイヌ踊りを見せたりしていましたので、当日の道新ホールの公演には行けなかったのです。それが縁になり、その後の群馬県伊勢崎公演からはお手伝いしたので、東京にいることが多くなりました。

園田　アイヌ以外の人たちに指導するのは大変でしたか。

広尾　ええ、私はそれまでアイヌ以外に教えることはなかったのですが、無我夢中で、自分で動いて指導を考えてきました。教える人たちとも交流が広がってきました。埼玉や群馬の保育園ともつながってきて、はじめに出会ったのが北原和子先生のいなほ保育園（埼玉県桶川市）でした。アイヌの踊りに本当に力を入れてくれました。

園田　「オキクルミと悪魔」伊勢崎公演がきっかけだったのですね。

広尾　そうです。それまでは保育士さんや子どもたちとの出会いはありませんでした。子どもたちとの関係ができたのは、いなほ保育園が初めてですね。伊勢崎の公演から、見る人たちの中に子どもたちがたくさんできました。会場には大人は入れませんでした。まず年少、年中、年長と入場し、付き添いの保育士さんでさえ通路の階段でした。超満員になって、入り口で大人の入場者を断っている係の方がいました。それからいなほ保育園にはずっと通うようになりました。

平野正美先生との出会いから

北原　私も平野先生がいなければ広尾さんとは出会っていなかったと思います。平野先生は「オキクルミと悪魔」の公演前から、アイヌをとても尊敬していて、熱心に研究していました。丸山亜季先生も平野先生と出会うことで、アイヌのことをいろいろと取り入れることができたと思います。また木村次郎さんが沖縄在住のアイヌ弟子《てし》豊治《とよじ》さんに出会ったことも大きかったと思います。ここで沖縄とアイヌがつながったんです。沖縄も琉球国という独立した立場があり、その意味でアイヌ民族と共通点がありました。「オキクルミ」はそうした木村次郎さんの思いが、亜季先生の曲と共にできあがったのだと思います。そこに平野先生との出会いがさらにアイヌの世界を豊かにしていったのだと思います。文字はないけど生

「オキクルミと悪魔」公演でウポポの練習をする広尾さん（右端）

きるために必要なことは「ユーカラ（物語、叙事詩）」というお話として、また刺繍や踊りとして伝承されて、私たちもその美しさに感動して学ぶことができました。そこにあるのは「命の尊厳」だと思いました。

園田　だから和子先生はいなほの子どもたちにも伝えようと考えたのですか。

北原　驚いたのは、いなほを卒園した六年生の子どもが、陣羽織からマタンプシ（額帯）、テクンペ（手甲）など全部自分で刺繍して作り上げたんです。年長の時から踊っているけれど、六年生になると踊りがすごいのね。アイヌの踊りができる六年生が、年少者のあこがれになります。アイヌの刺繍をしていると興奮して寝られないともいうんです。その子が園田先生も見てくれた先日の卒園式（二〇一四年三月三〇日）で踊りました。

園田　ああ「ク・リムセ（弓の踊り）」を踊った子ですね。踊りも見事でしたが、あの衣装は自分で縫ったんですか。

北原　びっくりするくらい細かいんですよ。六年生になると、その細かい仕事を延々と続けられるんです。それは少しずつ広がるアイヌ文様の世界に興奮するんだと思います。それを聞いて、アイヌの文化とは理屈じゃないと思いました。「いいものはいい」と子どもたちは感じるんですね。

園田　そして沖縄公演でしたね。

広尾　同時に平野先生とも出会うことで、その次の沖縄公演をはじめ、九州も一緒に回ることになりました。沖縄も大変でした。時間になっても集まらないんです。どうなるんだろうと心配しました。

園田　沖縄時間ってやつですね。

広尾　平野先生はもっと大変だったと思います。そして平野先生のつながりで、学校や園にも関わるようになり、和光にも来るようになりました。民舞研のみなさんとも知り合うことができました。あれから三〇年近くになりますか。

北原　二〇年くらいですね。

広尾　やはりそのくらいですか。先日アイヌとシサムで作る「ペウレウタリの会」の五〇周年をやりました。私はあの時一七歳だったんだとしみじみ思いました。その中で亡くなった人も一三人いて、その供養もしました。発祥の地、阿寒でイチャルパ（祖先を供養する儀式）をしました。五〇年の伝承活動の

「オキクルミと悪魔」公演での左から広尾正さん、平野正美さん、中村欽一さん、丸山亜季さん

中で、前半は観光地で踊り、後半はシサムの方たちとの交流だったと人生を振り返りました。

園田　大きな人生の転機だったんですね。

広尾　あの時、平野先生たちから「踊りを見せることから、これからは子どもたちと関わってみませんか」と誘われたんです。「子どもたちと関わって生活できるんだろうか」と悩みました。「レラ・チセ（風の家の意味）」というアイヌ料理の店に勤めながら、園を回ることにしました。そういっているうち丸山亜希先生との交流も深まりました。うたと踊りの関係ではずいぶん話し合いもしました。

北原　私は広尾さんと出会い、なんて魅力のあるアイヌだろうと思いました。踊りもウポポももちろんですが、刺繍も上手なの。小川早苗さんの作品だと思っていた刺繍を「これぼくがやりました」っていうくらいです。きっと飲み込みが早いんですね。広尾さんの踊りは見るたびに洗練されていきました。とても研究されていると感じました。私たちは踊りもウポポも刺繍も広尾さんから学びましたが、会うたびに広尾さんは高まっていました。それがうれしくて私たちも夢中になって学びました。

園田　北海道では指導しているんですか。

広尾　いや北海道では子どもの親が反対するところもあるんです。アイヌ踊りより「よさこいソーラン」のほうがいいという感じです。それでも何か所かでは教育委員会が無理言ってやっているところもあります。

園田　この地域ではどうですか。

広尾　大空小学校という学校がありますが、そこで指導することになったんです。講演と踊りを行い、私は踊りを担当しました。どうなることかと思いましたが、この団地は「アイヌ団地」ともいわれるくらいアイヌが多かったんです。アイヌの少ない南町の子どもたちはとても興味を持ってくれて、ウポポとバッタ、キツネの踊りをしました。そうしたらウポポも踊りもたちまち覚えてしまい、他のアイヌから「広尾さん、どうやって指導したんだ」と驚かれました。

園田　子どもは素直にいいものには興味を持つんですね。なぜこの団地にアイヌが多いのですか。

広尾　ここは福祉団地なんです。低所得者のアイヌがここに集められたんです。東京から戻ってきたとき、帯広からタクシーに乗ったんです。「大空団地に行ってください」といったら運転手が「アイヌ団地ですね」というんです。駅からは遠く離れているし、バスの便も少ない。周りには何もないんです。「あ、自分が住んでいるところはそんなふうに呼ばれているんだ」とその時は思いましたね。

園田　いなほ保育園のホールには祭壇がありましたね。

北原　広尾さんが来た時に作ったものです。今でもどんな時でも「カムイノミ（神への祈り）」から始めます。それは広尾さんに教えてもらったことです。広尾さんが来てくれた二〇年前のものが、あそこに残っています。みんなとても大事にしています。だからこわれません。剣も弓も何年使っているでしょう。道具も大切に使っています。やはり、いいものはいいんですね。大事にすることと尊敬することがつながっています。その思いを子ども同士が伝えています。

広尾さんは子どもたちのあこがれ

園田　広尾さんのＣＤにある、いなほの子どもたちのウポポは素敵ですね。

北原　たぶん広尾さんのウポポを最初に習い、覚えたのはいなほの子どもたちだと思います。自分たちのイスを机代わりに前において、それをたたきながら「チュプカワ　カムイラン」と歌いだします。好きなんですね。広尾さんのウポポが好きなんです。だからたちまち覚えてしまうんです。それで広尾さんがどこかで公演するときにも、ついていっていっしょに踊るんです。もうあの当時は、「あ・うん」でした。

園田　初めて広尾さんに出会ったときの子どもたちはどうでしたか。

北原　いま（二〇一四年）二二歳の子どもが二歳の時でした。ですからやはり二〇年前ですね。あの時の子どもたちはすごかったです、踊りもウポポもすぐに覚えて、しかも踊り方が広尾さんそっくりなんです。二歳児って理屈ではないんですね。その時期の子どもが広尾さんに出会ったことは大きかったですね。広尾さんという人を自分の中に取り入れていっている。それ以来ずっと広尾さんには来てもらってきました。広尾正という財産はかけがえのない宝物なので、倒れられてからはがまんして呼ぶことはなくなりました。長生きしてほしいと考えたからです。

園田　毎年広尾さんが来ていることは平野先生からも聞いていました。

北原　毎年、教師も子どもも広尾さんからたくさん学んできました。広尾さんはとても厳しい人でした。とくに私たちには厳しかったと思います。足の運び、手の動き一つ一つからウポポまで細かく言われました。それでも私たちは食いついていきました。広尾さんの思いがうれしかったからです。園田先生にも見てもらいましたが、広尾さんから学んだ「ク・リムセ（弓の踊り）」、「エムシ・リムセ（剣の踊り）」は子どもたちのあこがれになりました。また「羽ヅル」も広尾さんのが一番いいんですね。女の子は「羽ヅル」をやりたくて泣いてもやりたいといっていました。それでもまだまだだと思っています。広尾さんから離れるとダメなんですね。だから毎年来てもらいました。帯広から来ると私の家に泊まってもらいました。

園田　広尾さんが体調を崩されてからはどうされたんですか。

北原　広尾さんが来られないなら、私たちが行こうということになりました。広尾さんのお宅に押しかけるように来ました。まずウポポが正しくないといけない。雪の帯広にまず来ましたが、無理させてもいけないと配慮しながらでした。平野先生のことが無念で、広尾さんには体を大事にしてほしいと思います。きっと今回の対談も、平野先生が園田先生の背中を押して、私をここまで連れてきたのだと思います。

広尾　「オキクルミと悪魔」公演について、民舞研の方が「いつもぼろ雑巾のように働く平野先生」と書いていましたが、本当にその通りで、たくさんの人が平野先生に背中を押してもらってきたのではないでしょうか。平野先生の出発点は日高の二風谷《にぶだに》だったのだと思います。最初はアイヌと関わる難しさがたくさんあって苦労してきたと思います。それはシサムがアイヌにしてきた歴史があるからです。

北原　そうですね。平野先生は、アイヌにもいろいろな考え方がある。自分が関わることで余計な争いが起きないように、とても慎重に実践されていました。当時は平野先生のおかげで、ずいぶんアイヌの実践が広がっている時でした。

広尾　和光小学校のいちょうまつりに初めて伺った時に、「バッタの踊り」を子どもたちがやっているのを見て、それは驚きました。平野先生はウポポもとても研究されていて、初めて聴いた時「どこのアイヌのおばあさんですか？」と尋ねたら、「これは僕ですよ」と言うのでこれもまた驚きました。そのくらい努力されていました。親しみのある人柄でしたから、すぐに打ち解けました。たぶんあの人柄だから二風谷も他のアイヌも、平野先生を受け入れたのでしょう。

北原　「オキクルミと悪魔」公演が実現できたことは、平野先生あってのことでした。そこに亜季さんと広尾さんが参加した。いなほの子どもたちはみんな自分がオキクルミだと思っています。そのくらい大きな存在です。

園田　それまで「オキクルミと悪魔」には、アイヌ踊りはなかったんですか。

北原　そうです。音楽劇でした。物語をうたでつないでいました。亜季さんと広尾さんが相談しながら一気に広がりました。

広尾　アイヌの踊りとウポポが位置づくにはとても時間がかかりました。もともとはおばあちゃんたちのウポポでした。そのおばあちゃんたちも亡くなりましたから、私が伝えるしかありませんでした。もともと十勝のアイヌ踊りはテンポが少し速かったことがよかったと思います。平野先生はずいぶん調べられたようです。アイヌ協会に行くと、映像や音声が聴けるらしく、その中から私を選ばれたようでした。亜季先生からは「ウポポのできる女の人はいませんか」とよく言われました。「鶴の踊り」も、実際の鶴の様子を見るともっとゆったりしているんです。そういう踊りにしたいと考えていました。地元のものとはちがう広尾正の踊りと言われることもありました。ウポポも私の男性の声です。迷うこともありましたが、それでも平野先生や亜季先生は「それがいい」と受け入れてくれました。

上品な色気のある広尾さんの踊り

園田　昔、平野先生が言っていたことを思い出しました。「広尾さんは、まっすぐに立っていても、踊っていてもとても美しいんだよね」……そういうことですか。

北原　そう、広尾さんってとても上品な色気があるんです。それが魅力だと思います。民舞もそうだと思いますが、色香というか、みんなの前で踊る人にはそういう魅力が必要だと思います。二歳児の子どもが広尾さんに惹《ひ》かれるのは、踊りのすごさもありますが、そうした色香なのでしょう。

園田　子どもの前で踊る広尾さんの姿は本当に素敵でしたね。「オキクルミ」のころは体調は大丈夫だったんですか。

広尾　そうですね。それほどひどくはなかったですが、僕みたいに踊りを見せるアイヌは、みんな腰を痛めていましたね。多いときは一日に一〇回も踊りますから。ぼくも踊りを見せた後立てなくて、はいずりながら移動したのを覚えています。

園田　今、いなほ保育園と広尾さんのつながりはどうなっているんですか。

北原　いなほでは、広尾さんから教えてもらった原則的なことを大切に、時には厳しく伝えています。特に足運びは大事にしています。やっているうちにどうしても元気にはねてしまうようになります。そういう時には広尾さんのあの動きを思い出すようにします。

広尾　数年前に地元のアイヌが「ハポネタイ（母なる土地）」というところの山を買って、アイヌやシサムが集えていろいろな催しができるようにしました。そこに初めて来てくれたのがいなほのみなさんでした。三〇人ほど来てくれました。私が体調をくずしてからずいぶん間が開いていたのですが、子どもたちが踊ったら全然形が崩れていなかったんです。「鶴の踊り」もとてもしっかりしていました。それは和子先生や保育士さんの取り組みの姿勢が違うんです

アイヌの踊りを指導する広尾さん（和光鶴川小学校で）

ね。今は、群馬や大阪の先生たちが熱心に通っています。来るたびに味が出てきています。

北原　その山に入ったとき、広尾さんがたき火にあたっていました。自然にその周りに子どもたちが集まって、広尾さんはウポポを歌いだしたんです。そうしたら子どもたちもみんなでウポポを歌うんです。もうびっくりしました。子どもたちは広尾さんに導かれているようでした。その子たちがいなほに戻って歌いました。それが本当にうまいんです。直接出会うことがどれだけ大切かを感じました。

チャランケ祭で

園田　広尾さんが体調を崩されてからは、和光鶴川小学校ではチャランケ祭のつながりで阿寒アイヌの廣《ひろ》野《の》洋《ひろし》さんに来てもらうようになりました。先日、「ペウレウタリの会」の集いで、平田さんや広尾さんに会ったと写真を見せてくれました。懐かしい顔ぶれですね。この会は道東のアイヌの集まりなんですか。

広尾　たまたま結成した時、私は阿寒で働いていました。若いアイヌを受け入れる基盤みたいなものですね。そういう会があると若い人たちも集うようになります。最近は若いアイヌのグループも増えましたよ。今の私は引退の時期ですが。

園田　アイヌの広尾さんと沖縄の金城《きんじょう》吉春《よしはる》さんが始めた中野チャランケ祭（六五頁参照）も今年（二〇一四年）で二一回を迎えました。いなほ保育園も私たち和光も毎回参加の常連となりました。いなほは一回目からの参加ですから、チャランケ祭の歴史といなほと広尾さんの歴史は重なっていますよね。

北原　広尾さんが私たちをチャランケ祭りに出してくれたんです。

広尾　金城さんとの出会いは和光だったんですよ。すでに金城さんは和光小学校にエイサーを教えに行っていました。その後私がアイヌ踊りを教えに行くことになりました。ある日、学校で金城さんが指導が終わるのを待って、いろいろな話をする中で、「じゃあアイヌとウチナーの祭りを中野でやりましょう」と意気投合したのです。金城さんは魅力ある方で、どんどん話がまとまって実現したんです。金城さんと話す中で、ちょうど沖縄が日本に返還される時期に、学校では方言が禁止されたようです。中野に来て、沖縄人同士が沖縄の言葉で話せる。僕も金城さんが仲間と沖縄の言葉で話しているのを見て、僕たちはアイヌの言葉で話していないなあと思いました。

今、帯広では

園田　アイヌの踊りとの出会いは？

広尾　私が一六歳くらいですが、アイヌの店の手伝いで阿寒に行きました。そこで初めてアイヌ踊りに出会ったのでした。お客さんに見せていたものをしょっちゅう見ていました。それを見て覚えました。きっと好きだったのでしょうね。その後帯広で保存会に出会い、やってみないかと誘われたのです。それが始まりですね。

園田　帯広カムイトゥウポポ保存会は、今どの様な活動をしていますか。

チャランケ祭で踊るいなほ保育園の子どもたち

広尾　地元でもよく公演しています。東京にも行っていますね。

園田　チャランケ祭にも来ていただきましたね。

広尾　私は保存会では今は活動をしていません。先日群馬の先生たちが来たので、ある老人ホームで踊ってもらいました。そうしたらそれが地元の新聞に載って、「広尾さん、元気じゃないですか」などと言われてしまい困りました。私も今は年長者になってしまいましたから、何かあれば誘われます。でも体調を理由にお断りしています。でも若い人から頼まれると、「イナウ・ウケ（木幣）」など儀式の時に座っているだけでいいから、ということで参加しています。でも参加すると座っているだけではすまないんですね。

園田　若い人たちが育っているんですね。

広尾　札幌のアイヌ文化振興機構が主催する講習会があります。そこで若い者たちが三年間修行してきます。そのおかげで、みんな明るく元気になっています。ありがたいことです。

園田　広尾さんはそこのアドバイザーということで、毎年和光に来ていただきましたね。

広尾　そうです。平野先生がとても上手に手配を進めてくれました。

園田　広尾さんのあと、阿寒の方たちもこの事業で来てもらっています。広尾さんは踊りやウポポをどのように学ばれたんですか。

広尾　最初はやはり阿寒ですね。そこで基礎を学びました。そのあとはずっと帯広の保存会で育てられました。私は好きだったので、いろいろな方に積極的についていって学びましたね。おばあちゃんたちも、すぐには教えてくれないんですね。でも少しお酒も入って楽しくなると、難しいうたも出てきます。そんな機会があると、私は酒を控えて酔わないようにして、直接聞き取りながら学びました。でもちゃんと歌えるようになるには七、八年かかりました。そうして公演があって、おばあちゃんが体調を崩したときにでも、私は男でしたが、歌う機会がずいぶんありました。一番は、「オキクルミと悪魔」公演で、いろいろな保育園を回ってウポポをやっているうちに、自分でもうまくなったと思いました。観光地で歌うだけではこうはならなかったと思います。東京に来て、平野先生のおかげでアイヌ踊りを指導する機会をたくさん作ってもらい、そうした数をこなすうちに自分のウポポに自信を持てるようになりました。その後、群馬や大阪、そして栃木などからも毎年来てくれるようになりました。平野先生が小川早苗さんと出会い、そして早苗さんが私を呼んだことでつながり、「オキクルミと悪魔」の公演をきっかけに、和光やいなほ、群馬の保育士さんたちに出会い、私は育てられました。アイヌはずいぶん差別され、馬鹿にもされてきましたが、シサムにもこんなに熱心で温かい人がいる。アイヌ踊りをやってきてよかった。アイヌに生まれてよかったと思っています。今、体は不自由ですが、できることは続けていこうと思っています。

園田　和子先生、改めて広尾さんの踊りの魅力とは何でしょうか。

北原　やはり広尾さんには命の尊厳と色気、言葉をかえると色香があります。まずそこが魅力です。これはだれにもまねできない、だれにでもあるものではないものです。人それぞれですが、私はそう思います。出会ったときから、今日まで変わりません。またとても努力される方です。いつももっと高いところをめざしています。さきほどのウポポの話もそうですが。それも魅力です。私も保育をやっていると同じことをしたくない。子どもはいつもちがうから、同じことをやっていたらそれはおかしいと思います。広尾さんの生き方はとても刺激になります。

　園田先生にお願いがあります。私は平野先生のお墓に広尾さんといっしょに行きたいと願っています。そのときには園田先生、案内してくれますか。

園田　もちろん、喜んで同行します。こんどいっしょに行きましょう。ありがとうございました。

広尾さんの自宅にて

二〇一四年一〇月二一日　帯広市内、広尾正さんの自宅にて

釜石虎舞

岩手県釜石市無形文化財

松下修《まつしたおさむ》・松下勝《まつしたまさる》　平田青虎会
×
星野美紀子《ほしのみきこ》　元公立小学校教諭

釜石祭りにて

八三〇年ほど前、陸奥《むつ》の国を領有していた閉伊頼基《へいよりもと》が、将士の士気を鼓舞するため虎の縫いぐるみを着けて踊らせたと伝えられる。

江戸時代中期、三陸随一の豪商として名高い前川善兵衛助友《まえかわぜんべえすけとも》が、江戸で大ヒットしている近松門左衛門の浄瑠璃「千里ケ竹」和藤内の大虎退治の場に感動、当時、山田の大沢出身の船方衆がこれを故郷に帰って創作舞踊とし、笛や太鼓の囃子も賑やかに神に奉納した。

「板子一枚、下は地獄」と言われる船乗り、漁師の家族にとって無事帰港することが何よりの祈願である。「虎は一日にして千里いって、千里帰る」という諺《ことわざ》から無事に帰ることを念じ、虎の習性に託して踊った虎舞が沿岸漁民のあいだに広がっていった。等々、虎舞の由緒、由来については、確定的な文書、物件もなく口伝として代々伝えられ現在に至っている。釜石においては、平成一〇年七月に市無形文化財として一部が指定されている。

（参考：釜石・大槌地域の郷土芸能　http://www2.pref.iwate.jp/~hp5501/geinou/tora77/yurai.html)

平田《ひらた》虎舞《とらまい》の由来

園田　平田虎舞はいくつかある釜石虎舞の一つですが、その由来から聞かせてください。

星野　修さんは、この平田でも虎舞を始めようと、台村《だいむら》（尾崎町）に習いに行ったそうですね。

修　昭和二二年、まだ青虎会《せいこかい》はなく、今の会長（高沢昌志、二〇一四年一一月現在）のおじいさんなど、平田の虎舞が好きな先輩たちが初めて本家（台村）に習いに行きました。そのあと少しずつ組織ができてきて、私の前の代に平田青虎会を作りました。今日は大きな流れのところが二団体出ていたでしょ。一つは私たちの本家の台村。それからもう一つは只越《ただこえ》の本家、錦町です。だから似ているでしょ。囃子《はやし》も。

星野　錦町はどこからなんですか、

修　たぶん大沢内かもしれない。釜石は製鉄所ができる前は、本当に小さな漁師町でした。

園田　釜石で虎舞を踊られるようになったのはいつごろからですか。

修　戦前から踊っているけれど、そんなに古くはありません。製鉄所ができてにぎやかになってきた中で、虎舞いう芸能は釜石以外にもあり、そこから伝わってきたようです。

園田　製鉄所はどのくらいにできたのですか。

修　明治時代に、日本で初めてできたんですよ。

園田　そうなんですか。八幡製鉄よりも早いんですね。

修　そうですよ。それ以前からこの地に鉄の石が取れたから、製鉄ができたんです。その橋野鉄鉱山を世界遺産に登録しようとしています。

園田　修さんは、若いころに虎舞を好きで学んだという話を聞きましたが、虎舞のどんなところが魅力だったんですか。

修　私は当時二〇歳で、みんなよりも少し遅く習い始めました。やはり男子で大工なので、暴れる感じが何とも言えず楽しそうで、やりたいと思ったんでしょうね。今日見たと思いますが、それまでは小学校から神楽《かぐら》を踊っていました。

園田　古いものなんですね。

修　そうですね、私の祖父の代は大槌《おおつち》の神楽をやっていました。

星野　大槌は宮古の黒森から伝わっているといわれているから、北から伝わってきたのね。

修　漁が休みの時には、各地を回っていました。祖父のころは神楽はとても盛んなようでした。虎舞はありませんでした。私の父の代から好きな者がやるようになったようです。大工の弟子になったところが、虎舞を練習している幼稚園の講堂の隣だったんです。いつもお囃子が聞こえてきて、自然に虎舞にひかれるようになったんですね。習い始めた時には、もう頭に入っていました。

釜石まつりにて

園田　その虎舞は本家の台村の虎舞なんですね。

修　そうです。今も台村には習いに通っているんですよ。だから似ているんですね。昔は車がなかったから、船で通っていました。

園田　当時は台村のほかにも虎舞をやっているところがあったんですか。

修　錦町もありました。只越はもっと後ですね。台村も元々は釜石よりも北のほうから習ったようです。それをすこしずつ改良してきたのです。

青虎会のはじまり

園田　修さんたちの代が「青虎会」と名づけられましたね。どんな思いで命名されたのですか。

修　青年会の虎舞ですからね。若々しい虎舞という意味ですね。台村は「尾崎青友会」と呼んでいました。

園田　青虎会を立ち上げた時は、何人くらいだったんですか。

修　二〇人はいなかったかな。今は仕出しなんかがありますが、当時は会長の家に泊まったり、そこで食事したりしていました。

園田　今の虎の頭は何でできているんですか。

修　紙です。中は竹などで骨を作って、いろいろと研究して、今の虎は本当に軽くできています。

星野　私たちも夏に修さんのところに来て、作らせてもらったことがあります。歯の一本、ひげの一本から作り上げるんです。歯は四角い木を修さんが削ってくれて、それを紙やすりで仕上げていくんです。それを竹の枠に、まるで入れ歯を差し込むように固定していくんです。

園田　釜石の虎舞といえば今は有名ですが、元々は他の地区から学んで作られたということがわかりました。いつごろから注目されるようになったんですか。

修　昭和二九年、釜石が都市対抗野球で東京に行ったことがあります。そのときに虎舞を応援で披露しました。あの時は台村が行きました。そのときは準優勝しました。それで一気に有名になりました。その後いろいろな物産展などに必ず虎舞を出すようになって定着しました。

星野　私たちとの初めての出会いは三〇年くらい前、三陸沿岸キャンペーンという名前だったか忘れましたが、西のほうから東京までキャラバンで宣伝していました。そのときには虎舞と中野七頭舞《なかのななずまい》がいっしょに宣伝していました。

園田　なぜそのときに平田が選ばれたのですか。

修　何でだろう？　観光協会や市から「お前行け」と言われたのだと思います。

虎舞を学ぶ

園田　星野さんは、どのようなきっかけで実践に入られたんですか。お一人で始められたんですか。

星野　虎舞は単独では実践できないんです。他の民舞もそうですが。踊りだけでなく、太鼓があり、笛があり、囃子言葉がある。それぞれがとても大切で、それがそろって虎舞なんです。最低でも三人は必要です。北多摩民舞研「ダガスコ」のメンバーで習いに来ながら、三吉さんが踊りを、太鼓は川尻さん、私は笛と分担しようということになりました。ですから平田に来る時はいつも三人いっしょにとなりました。そのうちひとつができるようになったら、今度は別のパートを学ぶというようになりました。そうして三人とも実践ができるようになっていったんです。私も実践する時は、笛が一番できるんですが、学校では太鼓を担当して、他の先生にリコーダーで笛を吹いてもらったりしました。

園田　最初は何年生で実践を始められたんですか。

星野　学校で民舞を実践するには、できるチャンスでやるしかないんですよ。カリキュラムに何年生で虎舞と決まっているわけではありませんから。また学年のメンバーにもよります。今年のこの学年のこのメンバーならできるかもしれない、と思って思い切って提案するんです。私は低学年の実践がほとんどです。高学年は組体操って大体決まってしまいますからね。

園田　最大のハードルは虎だと思いますが、それはどうしたんですか。

星野　教えてもらったような虎を学校で作るなんて事は、絶対に無理なことです。しかも虎はいっぱいないと実践できないです。用務員さんに木枠だけ作ってもらい、それにダンボールで形を作ったり、イチゴの箱を二つ重ねて、上あごと下あごにしたり、お金をかけずにいろいろと工夫しました。そうしたものが手に入らないと、主流は牛乳パックになっていきました。これのよさは低学年にとって軽いということですね。

園田　胴の布はどうしましたか。

星野　以前はもう少し予算があったので、布を買うこともできたのですが、予算がないときは家庭から古いシーツを持ってきてもらって、教師で染めて作りました。私たちは人見さん（邦楽演奏家で民俗舞踊研究者）とのつながりの中で、いつもお祭りに参加しては船に乗せてもらったりしましたが、地元の人もなかなか乗ることができない中で、女の私たちがそんなことで

国分寺市立第二小学校の子どもたちの虎舞

甘えてばかりいられない。よし、今度は東京に招いて講習会をやろうということになりました。いつだったか寅年《とらどし》の前の年にやりました。そのときはみんな虎舞をやりたいという雰囲気があり、広がりましたね。民舞研でも取り上げてもらい、それで広がったこともあります。当時作った虎を相模原（神奈川県）の学校で今でも使っています。私たちは三人でお囃子で応援に行っています。

園田　修さんは、踊りですか、お囃子でしたか。

修　私は踊りのほうでした。太鼓は榊や浩（青虎会メンバー）が担当していました。講習会は浩が行っていました。

星野　一回目の講習会でダメ出しをされたことがありました。私たちは学年三学級あるので、赤い虎、青い虎、黄色い虎と作ったんです。教師の勝手な都合で作ったんですが、その虎を講習会の時に置いておいたんです。そうしたら「あーあれはダメだ。青いのはダメだ」と言われました。そのときからしばらくは「虎を作るときは黄色にしてください」とみなさんに伝えました。初期の試行錯誤のひとつの思い出です。

園田　東京での一回目の講習会は何人で行かれたんですか。

修　確か六人か七人でした。踊りと太鼓を教えました。

星野　一回目なので笛は習いませんでした。なにしろ太鼓が鳴らないと始まらない踊りですから。

園田　今日も小学生が見よう見真似で太鼓をたたいているのを見て、すごいなあと感心しました。

修　平田では幼稚園児も虎舞を練習して、運動会で発表しています。

園田　幼稚園児も同じように踊るんですか。

修　そうです。けっこう踊りますよ。あまり長くはできませんけれど。

星野　最初幼稚園の虎舞を見たときは、黄色い筆洗バケツをひっくり返して虎の頭にしていました。それに耳をつけ、布をつけるとそれらしくなるんです。イチゴの箱もやっていて、先生たちはとても工夫していました。私たちもそれをヒントにして実践をしていました。いまの平田幼稚園の虎は立派ですが。私たちが虎舞を実践できるかなあと思ったのは、パレードでの尾崎幼稚園の子どもたちの虎舞を見たときでした。

園田　平田の小学校ではやらないんですか？

修　小学校では神楽をやっています。

園田　今度は勝さんにもお聞きします。青虎会が創立した当時のことをお聞きしたいのですが。
勝　たしか一九六四年だったと思います。五〇年位前ですね。
修　そのくらいです。でも台村から平田に虎舞をもってきたのは、昭和二二年です。
園田　それでは今年（二〇一四年）は結成五〇年の大きな節目だったんですね。
勝　平田の祭りにきていた「ほうねん座」（宮城県の民族歌舞団）も今年五〇年で、平田も五〇年だと話をしていました。
園田　ほうねん座とつながりがあるんですか。
勝　そうですね。十数年前に習いに来ていました。演目に加えているようです。九月に五〇周年の会があり、招かれて行って来ました。
星野　荒馬座も虎舞をやっていますが、あれはどこから習ったんですか。
修　あれもうちから習っています。
園田　たぶん民舞研のつながりの中で、平田を知ったのでしょうね。五〇年おめでとうございます。
修　よくここまで持ったね。
星野　そんなことはないでしょう。平田の虎舞もこんなに有名になって、若い人たちもたくさん踊るようになったじゃないですか。

虎舞伝承の課題

勝　いや、昔はもっと盛んでした。一日に二回も公演することもありましたから。一か月のうち、休みの日はほとんど虎舞が入っていました。特にこの地域の結婚式といえば、必ず虎舞でした。
星野　そうそう、私も茂さんの親戚の方の結婚式で、笛が足りないというので、何にも関係ないのに出ちゃいましたよ。
勝　祭りや結婚式は必ず行きました。平日でも昼休みに「結婚式さ行くぞ」って出かけたこともありました。それから比べると今は回数は少なくなりました。年間に二〇回くらいです。
修　そうね、あっても三〇回くらいかな。
星野　他の保存会では、子どもたちが少なくなって伝承が難しくなっているところもありますが、平田ではどうですか。
勝　まず高校終わって地元に就職口が少ないです。虎舞も高校終わるまでっていう感じです。私たちが小学校のころは虎舞が出ると聞けば、必ず大人にくっついて歩いたものです。でも今の子どもたちは野球だのサッカーだの、またはゲームと、郷土芸能に対する関心が薄くなってきました。でも震災をきっかけに小学校でやる子どもが増えました。それまでは親がやっているとかでしたが。まあ人が足りなくなったというのもあって、小学生まで参加を広げました。そうすればまず高校卒業するまでは担い手がいますので。今年なんかは募集のポスターを作って呼びかけました。

園田　それは青虎会としてですか。

勝　そうです。でもそうした努力もしているんですが、今回の祭りでは野球の試合がかさなって、小学生の主力の六年生が出られなくなりました。練習試合ですから、祭りに重ねないようにしてほしいですね。大会なら仕方ないですけど。平田の祭りも学習発表会にかさなるって言うので、「ずらしてください」とお願いしました。震災後に入ってきたニュータウンの住民たちは、今までそういう芸能に触れたことがないので、おととしから参加してきましたが、子どもたちはとても好きになりました。「次はいつやるんですか」とよく聞いてきます。

星野　神楽も男の子たちが多くなりましたね。前は女の子ばかりでしたが。

勝　昔は神楽は男しか踊れなかったんです。私も子どもの頃は神楽をやりました。やっぱり中学生くらいになると着物を着たりするのが恥ずかしくなって、だんだん虎舞に移っていきました。

園田　勝さんはいつから虎舞をやるようになったんですか。

勝　中学校一年生からです。遅いほうですよ。みんな小学校からやっています。

星野　会長やいま中心になっている青年たちはみんな小学校からですよね。仁くんなんか、小さい頃からの記憶があります。そういう子どもたちが大人になり、虎舞の中心として、自分の子どもも連れながら参加している姿は、見ていてうれしいです。

三・一一東日本大震災と平田虎舞

園田　三・一一の震災の時、青虎会の方々はどうだったんですか。

勝　みんな会社とかにいました。道路も閉鎖して動けませんでした。私の会社は中島町という、駅より山のほうですが、平田はどうなっているんだろうと心配でしたが、会社でそのまま待機していました。遠野とか大槌とか平田から通っている人がいました。その人たちも駅まで津波が上がってしまったので帰れませんでした。会社で泊まった人はたくさんいました。緊急食料の乾パンなど食べて、ある毛布を集めてすごしましたね。夜一〇時くらいになって、とりあえず平田の様子を見てくるといって、三陸鉄道の線路をたどっていきました。平田についたら、車はひっくりかえっているし、家は流されているし、大変な状況でした。とりあえず線路から降りて、がれきの間を通って国道まで出ました。出会った人から「みんな旧商業高校に避難していますよ」と聞いたので、歩ける状況でもありませんでしたが、なんとかそこまでたどり着けました。そうしたらみんなに会えましたが、「あの人がいない、この人が見えない、明日の朝から捜さなければならない」などと話をしていました。

「伝統芸能は心の支え」

岩手の「虎舞」教える 元教師星野さん講演

秋津東小

東村山市立秋津東小学校（秋津町四）では、児童たちへ岩手県の伝統芸能「虎舞」を教えてきた元小学校教師の星野美紀子さん（六七）＝写真、立川市＝が講演し、伝統を守り続けることも復興につながると語った。

虎舞は主に岩手県の三陸海岸各地に伝わる獅子舞に似た伝統芸能。ことわざの「虎は千里往《い》って千里還《かえ》る」にちなみ、漁師が漁の安全を願ったのが由来とされる。星野さんは三十年ほど前から虎舞に関心を持ち、釜石市へ何回も足を運んで地元保存会の人びとと交流してきた。

星野さんは、釜石市では津波で道具が流されてしまうなど大きな被害を受けたことを紹介。「それでも、命があれば復興はできる。そのためには心の支えが必要で、伝統芸能はその一つになる」と話した。

講演に先立ち、三年の児童が一年の時に星野さんから教わり、運動会でも演じたことがある虎舞を披露。星野さんは「教え子」の成長に目を細めていた。

（小松田健一）

星野さんから教わった虎舞を演じる児童ら＝秋津東小で

2014年3月12日付「東京新聞」

平田は、とても戻れる状況ではありませんでした。

星野　商業に避難した人で、津波が家のほうに上がって来るのを見て「来ないでー！」と叫んだといっていました。

園田　青虎会の方で、流された方もいるんですか。

勝　家とかは流された人はけっこういるんですが、みな無事でした。でも青虎会の道具は全部なくなりました。太鼓だけは幼稚園に置いておいたので、無事でした。

修　幼稚園は少し高いところにあるんです。

勝　一回目の津波では私のところまでは上がらなかったんですが、そのあとの津波で一m五〇cmまで上がっていて、うちの車もとなりの家の車も流されました。それでも家はガラスが無事なために中まで水が入らず、流されずにすみました。たまたま風呂場の窓が開いていましたので、そこから水が入りましたが、ちょうどそこが浴槽でした。トイレの水の逆流が一番ひどかったですね。

園田　虎舞の道具が流されたんですか。

勝　虎などは大丈夫でしたが、祭り関係のものが、特に屋台《やたい》が流されました。

星野　屋台小屋が海の近くでしたからね。あの時テレビの映像などを見て、ああ祭りの道具はダメだろうなあと私も思いました。あそこに虎の頭や太鼓も置いていたのかしらと心配しました。

勝　あの時、そんなことを考える余裕もありませんでした。特に屋台のことは。数日たってから、みんな顔を合わせて「あれ、ところで屋台はどうなったんだ」と初めて心配したのです。そうして見に行ったら「あれ、何もないぞ」と驚いたんです。あとで一〇〇mくらいのところに小屋の鉄骨が流されていました。中に屋台がつぶれて見つかりました。「これどうすっぺ」とみんなで考えましたが、「なおすより作ったほうが早い」ということになったんです。

園田 あの屋台は、前のものをそのまま復元しているんですか。

勝 ちがいます。前のものは遠野の大工さんでしたが、復興住宅の建設で忙しくなって、作る余裕もありませんでした。それより、この震災で祭りも虎舞も、もう終わりだなあ、もうできないなあと考えていました。でも、道具は残っていたので、なにかのイベントなら屋台はなくても、規模を縮小してでもできるかもしれないと思いました。

星野 太鼓と虎頭を別のところに置いてあったというのが救いでしたね。

勝 家に持って帰っていたものもありましたから。実はタイミングなんですね。屋台をかさ上げする予定で、実は本来はあの日、うちの屋台はその修理のために遠野に行っている予定でした。たまたまあの年、不幸が続いて平田の祭りのない年に当たり、そのときに持っていく予定だったんです。それが大工さんの事情で、もう少し持ってくるのは待ってくれということで、あの日も屋台小屋にあって流されてしまったんです。

園田 運命的ですね。ところで平田の祭りがなくなることがあるんですか。

勝 なくなるというより三年に一回が基本なんです。そのほか地域で不幸が続くと、神輿《みこし》を担ぐのは船頭組合なので、海に出るのを忌み嫌うことがあり、そういう年も中止になります。

園田 三年に一度の理由はあるんですか。

修 人が足りないからだと思います。釜石の祭りもあるし。また経費もかかります。まあ三年間積み立てて、祭りをやろうということです。

園田 震災の年には、釜石の祭りはあったんですか。

勝 やりましたね。

星野 私たちは、四月二八日にその時点で集まったカンパを持って釜石に来ました。池袋から遠野経由釜石行きのバスが開通したというので、まっさきにそれに飛び乗ってきました。だから、こんな状態で今年の祭りは絶対にやれないよね、って勝手に思い込んでいました。そうしたら後で「やったよ」って聞いてびっくり。本当にあの時は後悔しました。

修 リヤカーかなんかでやったね。

勝 七月の「虎舞フェスティバル」もやったよね。みんなで道具の足りないところを貸し借りしてやりました。

園田 屋台はいつごろ新調したんですか。

勝 去年の五月の復興祭で出しました。それまではリヤカーに幕張って太鼓だけ積んでやっていました。二年目に台村から小さな屋台を借りたこともありました。

園田 復興祭とは?

勝　平田の祭りが震災でできずに来ていました。昨年屋台も新しくできたこともあり、そろそろ平田の祭りをやりたいと相談したんです。でもまだ組合も復活していない中で難しいと言われ、じゃあ青虎会が自分たちで祭りをやろうということで「復興祭」と名づけたんです。町内会も、それなら協力すっぺということで、神楽も出してくれました。

星野　それが新しい屋台のお披露目会になったんですね。

勝　屋台ができた年は、難しいということで、来年は船頭組合もできるし、祭りはやりましょうねということで今年はやることになったんです。またこれから本格的に道路の拡張や整備などで大きな工事が始まります。そうするとまた何年もできなくなるということもありました。だから次はまた三年後にやれるかといえば、それはわかりません。

釜石と虎舞

園田　釜石の祭りに虎舞が参加するようになったのはいつごろからなんですか。

修　もう釜石の祭りが始まったときからです。

勝　三陸沿岸では、祭りとなれば出て行った船がみんな戻ってきました。

星野　私たちも以前祭りで、船がたくさん出ていて、風来旗《ふうらいばた》（大漁旗）を立てて、みんなが手を振っていたのを思い出します。

修　昔は虎も神楽も船に乗ったものです。

勝　船の上で虎舞を踊るんです。

星野　私たちが前見たのは、船のマストにはしごをつけて、そこに上って踊っているのがすばらしかった。

勝　以前は一般の漁師の船に呼ばれて乗っていました。それは勝漁丸といって、平田の虎がずっと乗っていました。今、こうした個人の船はなくなって、漁業組合の定置網の船になってしまいました。

園田　その船は震災でどうなりましたか。

勝　だめですね、津波で流され、壊れてしまいました。祭りの曳《ひ》き船《ふね》が個人から組合になっていく中で、祭りも変わってしまいました。定置網の組合の船は、祭りだから協力しましょうということですが、個人のときは、祭りそのものが自分たちにとってかけがえのないものでしたから。思いがちがいました。風来旗の数もちがいます。

釜石まつりにて星野さん（右から三人目）と青虎会のみなさん（2014年10月）

星野　虎が乗る前にいつも子どもたちを乗せてくれるんですよね。あれがよかったなあ。

勝　それで表彰されたこともありました。こうした個人の船に乗っていたのは、平田の虎舞だけだったんです。釜石にはなかったと思います。でも個人で船を持つのは大変な経費がかかるんですよ。

園田　個人の船はどんな漁なんですか。

修　わかめとか養殖ですね。昔はイカ釣りが多かったですね。

星野さんと
松下修さん

星野　そういえば、昔は祭りのときにどの船にも集魚灯がついていましたね。

園田　やはり踊り手は漁師さんでしたか。

勝　ほとんどがそうでしたね。

修　私が小さい頃は、ここは製鉄所と漁師と二つしかない町でしたから。しかも製鉄所よりスルメ漁のほうが収入が多かったんです。だから安全のための虎舞はみんな大事にしていました。「おらほうのふねさ、乗ってけれ」って引っ張りだこでした。

勝　あの時は「乗ってください」でしたが、今はこちらから「乗せてください」です。

園田　最後に、星野さんも長く虎舞を実践されていますが、うちの学校でも一年生が虎舞に取り組んでいます。釜石から遠く離れた東京の子どもたちが虎舞を踊るにあたって、こんな気持ちで踊ってほしいとか、踊るときはこういうことを大事にしてほしいなど、何か伝えたいことなどありますか。

修　小さい時に覚えたことは大人になっても忘れないものだから、小さいうちにやることはいいねえ。

勝　私が小さい時先輩に言われたのは「猫の動きを見なさい」と言うことです。「猫はそんな動きするか」「猫見ればわかっぺ」とか言われて。虎はその辺にいないですから。

星野　人見さんは虎舞の足さばきを「陸《おか》の芸能のように大地から力をもらって踊るものとはちがって、不安定な船の上で作業するあの漁師の平衡感覚が見事に表れた芸能だ」といわれて、「さすが研究者、なるほど」と思いました。虎舞の足の動きは必然なのだと思いました。

園田　踊りにこめられている漁師さんたちの思い、そしてその動きの必然などお聞きして、ますます虎舞が好きになりました。今日は貴重な話をありがとうございました。

二〇一四年一〇月一九日　釜石市平田、松下修さん宅にて

松下勝さん

青森県無形民俗文化財

今《いま》別《べつ》荒《あら》馬《ま》

堂端弘隆《どうはしひろたか》　今別荒馬保存会会長
×
藤井千津子《ふじいちづこ》　元公立小学校教諭

今別荒馬をはねる平野直美さん（左）

今別のネブタ祭りに二頭の荒馬が各戸口で踊り、その後に花《はな》笠《がさ》、赤ジュバンの踊り子はネブタばやしおもしろく、踊りながら続いて町をねり歩く。

この踊りは田植えが終わり、田の神が天に昇るとき、農民が神に加護と感謝のため催される、神送り、サナブリの行事である。一体、津軽地方のサナブリはボーの神とよばれる男女二体の藁《わら》人形を先頭に、太刀振り、傘鉾、サラ、荒馬の順序で、笛、太鼓のはやしに送られて村中を練り歩き、のち鎮守の森の木に藁人形をかけて帰るのである。近年これが簡略され、太刀振りと荒馬になりつつある。

（参考：今別町史　http://www.town.imabetsu.lg.jp/education/bunka/arauma.html）

今別荒馬と民舞研の出会い

園田　今年も今別荒馬まつり、お疲れ様でした。今回の対談では、今別荒馬と民舞研との出会い、今別荒馬の今までとこれから、今別荒馬の魅力などについてお話をきかせていただきたいと思います。まず最初に藤井さんが今別荒馬と出会ったときのことをお聞きしたいのですが。

堂端　当時は青年団だった？　もう愛好会だったかな。

藤井　最初のときは青年団でしたよ。冬に講習会をやったでしょう。

堂端　開発センターでやったね。

藤井　私はそのときに「女が荒馬やるなんてなんだ」って言われました。東京では男も女も荒馬をやっていたのでそれがふつうだと思ってたけど、多分地元では前例がなかったから衝撃的だったんですね。三〇年以上前です。

堂端　その時は習いに来ただけじゃなくて、民舞研のみなさんは他の所で習った踊りを披露しましたね。最初はわらび座とか荒馬座と同じ類《たぐ》いの人なのかなと思っていました。当時はわ

1989年12月4日付「東奥日報」

報　1989年（平成元年）12月4日　月曜日　（14）

なんでもルポ

「みちの国座」今別で郷土芸能披露

心一つ　荒馬踊り競演も

指導のお礼　町民大喜び

全国各地の郷土芸能を教育に生かそうと活動している東京民族舞踊教育研究会の教師らと、その仲間たちでつくっている「みちの国座」の団員が二日夜、東郡今別町の開発センターで公演した。今別の伝統芸能・荒馬踊りを指導してくれた地元に少しでもお礼をしたい―という企画で、「今別のみなさんありがとう」の横断幕が掲げられた会場で熱演する団員たちに詰め掛けた町民は大喜びだった。（社会部・米田正之記者）

◇　◇

同研究会のメンバー二十人は十年前、学校教材の参考にと、今別荒馬保存会を訪ねた。その後、交流は一時途絶えていたが、昭和六十二年の夏、久しぶりに同町に足を運んだ「みちの国座」の事務局担当で東京・和光小教諭の平野正美教諭が荒馬踊りと"再会"。その豊かな表現力と躍動感に「もう一度荒馬踊りを教わり、地元の人が踊りを通して子供たちとどんなふうに接し育てているか学ぼう」と思い立ち再び交流が始まった。

今回、今別町を訪れた「みちの国座」の一行は三十人。学校の先生や保母さんのほか大学生やサラリーマンもいる。公演開始は午後六時半。この日はあいにくの雨で客の入りが心配されたが、会場には開演の一時間半前からお年寄りたちが続々と詰め掛けた。

決して広いとは言えないホールに集まった町民は約二百人。立ち見も出るほどの客足に、公演の窓口を務めた今別青年団事務局長の嶋中大さんは「どれだけの人が来てくれるのか不安だったけど、ホッとしました」と、観客で埋まった会場を見渡しながらうれしそうだ。

観客が熱い視線を送るなかいよいよ公演が始まった。オープニングは岩手県衣川村の「大森みかぐら」。一番手で登場した平野さんが手びらがねと太鼓の音に合わせ華麗に舞う。客席の一番前に陣取って見ていた嶋中ハマさんは、平野さんが小学校の先生と聞いて「ほんとにが。大したもんだ」と感心しきり。会場は早くも熱気に包まれ客席の後方ではビデオカメラを手に踊りを録画する町民の姿も見られた。

続いて登場したのは宮城県桃生町の寺崎はね娘踊り。今年一座に入会したばかりの依田昌代さんがベテランに交じって元気に踊る。「小学校で音楽の教師をしています。きょうは息子を連れて来ました。主人は東京で留守番。上手に踊れるか自信はなかったけど町民のみなさんがニコニコ見てくれて…。とてもうれしかった」と満足そう。

荒馬踊りを披露する「みちの国座」のメンバー

岩手県釜石市の虎舞、北上市の二子鬼剣舞、岩泉町の中野七頭舞…団員たちが地方へ出掛けて学んできた郷土芸能が次々に披露される。開演前、大勢集まった観客の姿に「緊張でひざがガクガクしている」と不安げだった藤井千津子さん＝小学校教諭＝だが、公演では跳んだりはねたりの大活躍で観客は大喜び。ユニークな創作バレエを披露した文化学院大一年の阜乙女民さん、「みちの国座」最年長の青木峰子さん＝高校教諭＝は年齢を感じさせない踊りで観客を引き込んだ。

そしていよいよフィナーレ。大川平荒馬保存会、子供会、今別青年団、今別荒馬保存会、「みちの国座」による荒馬踊りの競演が始まった。最初は「みちの国座」の荒馬が登場。躍動感あふれる踊りに嶋中ハチヱさんは「なかなかやるもんだ。私もはねたくなってきた」と興奮気味。このあと会場では一座のメンバーや青年団、チビっ子がひとつの大きな輪になってねぶたを乱舞、観客の熱気は最高潮に達した。

「見に来てよかった。荒馬踊りは地元が負けそうなくらいうまい。本当に楽しませてもらった」と言って会場を後にした今別郵便局職員の木村重成さん。「まだまだ伝え切れないものがあったと思う。でも町民のみなさんは喜んで見てくれた。これを機会に交流を深く広いものにしたい」。大粒の汗をふきながら語った平野さんの笑顔が印象的だった。

らび座や荒馬座もよく来ていましたから。

藤井　私たちが来る前に平野さんは保存会会長の佐藤豪《ごう》さんと話をしていたようです。通い始めてから何年かたったころ、本覚寺の境内で「黒川さんさ」を踊ったのを覚えています。なんかちょっと浮いちゃったかなとも思ったけど、お礼の意味もかねて踊りました。その後民舞研が「みちの国座」として「荒馬交流一〇周年記念・今別のみなさんありがとう公演」（一九八九年）を開発センターでやりました。

園田　藤井さんは、運行（町内を練り歩いて踊ること）でははじめから「花もらい」（寄付をもらうこと）をしていたんですか。

藤井　最初はやりませんよ。最初は馬をやっていました。

堂端　地元の祭りで女の人で荒馬を踊ったのは、藤井さんが最初でした。だけど見てる人もあまり違和感はなく見ていました。不思議な光景です。

藤井　そうそう。当時の今別町の広報誌の表紙に、私の写真が載りましたね。

堂端　楽しそうに笑顔で踊ろうとするじゃない。それが変わっているなあと思いました。愛想というか、キメの笑顔みたいな。

藤井　私は最初は馬だったけど、それから手綱取りをやるようになって、いつだったか愛好会の女の人に聞いたことがあるんです。「華やかなところばっかりとっちゃってすみませんね」って。そしたら彼女が言うには「いやいや、私たちは手綱《たづな》取りもやるし、跳ね人《はねと》もやるし、花もらいもやらねばまいね（ダメ）。だから民舞研の人が来てくれて跳ねてくれるとありがたいんです」。それから人が足りない時は、花もらいを手伝うようになったんです。

今の運行と当時の運行の違い

園田　当時の荒馬の運行というのは今とは違いますか？

堂端　荒馬がメインで、跳ね人はパラパラ、五、六人とかって感じ。荒馬が二頭とかしかない。その周りをまわるくらいでした。

藤井　今の踊りをみて、率直にいって申し訳ないけど、あの踊りだったら何回でも踊れます。当時は一回踊ったらもう息があがりました。そのくらい一回の踊りにエネルギーを集中していました。

園田　交代しないとやってられないということですね。

藤井　そう。やっぱりそれくらいすごくエネルギッシュだった。

堂端　統一されない、各馬に個性があったよね。

藤井　そうだね。みんな違っていた。

園田　その後通い続けていて、藤井さんから見た今別の荒馬っていうのは、藤井さんにとってどんなものだったの？

藤井　やっぱり青年団のメンバーがものすごく魅力的でした。

それと保存会の佐藤豪さんの熱い語り。ここは腕で三角つくってとか、踊っているとその場で指導してくれたわけ。それもすごくよかったなあって。今はああですこうですって言わない感じだから淋《さび》しい感じです。

堂端　今の荒馬はいい意味でまとまっています。注意することがなくなるくらいまとまってきています。本当はちょっと飛び出すくらいのがあればいいんだけど。やりすぎて、注意するくらいやってもらえたら。それ荒馬でなくて「荒べこ（牛）」だべって思うことがあります。昔はそういう踊りがありました。

園田　今はみんな同じような踊りになってしまっているということですか。

堂端　そうです。今は阿部聖《たかし》さん（地元の青年）が中心にみんなに教えてくれています。私たちの時代は、この先輩にならいたい、こっちの先輩が好きだっていうような、三者三様の違いがありました。

藤井　一人ひとりにして踊ると全然違ったよね。

堂端　縦に振るのを激しくやる人、しゃがんだ時の振り方など、みんな違った。

堂端さんと今別荒馬

園田　堂端さんと荒馬の出会いは？

堂端　二三、四歳のころ、まだ青年団には入っていませんでした。俺の友達が青年団にいて、その友達が「お前、絵描けるからねぶたの顔つくってくれ」って言われました。正式に入ったのは二六歳の時でした。子どもの頃は、夏休みなのに寝てると太鼓がうるさいんです。だから実は嫌いでした。でも社会人になって、東京でも暮らして、戻って、ってなったときにつまんないんだ。遊ぶところもないし。でつまるところ友達とか、地元にこっちから溶け込んでいかなきゃというところがあって、ダサイけど青年団入るかっていって入りました。そのころ青年団の半分は荒馬やっていて、笛は難しそうだなって、太鼓をやることにしたんです。

園田　地元では青年団は何歳から入れたんですか？

堂端　昔なら中学卒業してからです。

園田　それで何歳まで？

堂端　それは制限なし。やめるっていうまで。自分は四〇歳までやった。県の青年団会議とか行くと二〇前後で団長になって、過ぎれば引退といった感じでした。たまたま独身なのもあって四〇過ぎまでやりました。

園田　青年団って荒馬だけじゃないですよね。

堂端　今別ではほとんど荒馬だけでした。県とかのイベントや運動会とか荒馬で出ました。

藤井　当時から呼ばれて踊ることあったんですか。

太鼓をたたく若き日の堂端さん（1985年ごろ）

堂端　いや、あまりありませんでした。あっても年に一回とか。

藤井　じゃあ当時は本当に夏だけだったんですね。ねぶたづくりとか。

堂端　いや、ねぶたづくりといっても今と同じ、二、三人で作っていましたよ。

園田　ねぶたづくりというのは、昔からですか？　誰かから言われてやるようになったんですか。

堂端　言われてというより、やってみたらできた。実際には自己流なんで、針金とかの結び方も。

園田　絵を描くのは好きだったんですか？

堂端　はい。

藤井　あの立体にするのってすごいよね。

堂端　いや、反対。立体を平面にしていくのが難しい。

藤井　えー。

堂端　そうですよ。まず立体から。

愛好会と青年団と保存会の関係

園田　愛好会と青年団と保存会の関係は？

堂端　青年団がなくなってしまいました。若い人が入ってこないのです。それで青年でもないから、愛好会というやつをつくって、ねぶただけの活動でやることにしました。愛好会でねぶたを出しました。

園田　当時保存会はあったんですか。

堂端　ありました。まあご意見番ですね。

園田　当時愛好会は何人くらいいたんですか？

堂端　一〇人くらいだったかな。

園田　民舞研が習っていたのは愛好会だったんですか。

藤井　そうです。最初のころ民舞研は馬しか習わなくて、手綱取りは教えてもらわなかった。講習にいろいろ来てもらったけど男だけだった。

園田　世田谷の馬事公苑に来たのは？

藤井　それは保存会です。

堂端　ゲリラで行って踊ったこともありましたよ。代々木で。あれはたっちゃん（蓬田《よもぎだ》村・故人）の写真展をやった時だよね。

園田　荒馬はわらび座、荒馬座で取り上げられて、有名になって、一人歩きというか広まっていったわけですけれども、そういうのを見てどう思っていましたか？

堂端　舞台でやっているのは知っていたけれど、学校で教えているっていうのは全然わからなかったですね。講習会やるって行ってみたら、幼稚園とか学校の先生があつまってくるので驚きました。東京では学校で荒馬をやっているのかと。

平野さんと今別荒馬の思い出、子どもたちと荒馬

園田　荒馬は昔から子どもたちに人気があって、先生たちも好きな人が多く、民舞の中では一番広がった踊りです。そういうこともあって地元にきちんと習おうということで、平野さんや藤井さんたちは通い始めました。平野さんはそれまでは、荒馬座の「荒馬踊り」を実践してきました。その後、今別の荒馬を教えたいといって通い始め、僕もくっついてくることが多くなりました。平野さんの思い出ってありますか？

堂端　平野先生はまず自分で楽しむっていう人でしたね。誰かに教えるために習うっていうよりは、荒馬が大好きで自分がまず楽しむっていうところが印象的です。でもその後、しばらく今別に来ませんでしたね。民舞研との付き合いは長いですが、平野さんや園田さんが祭りに子どもたちを連れてくるようになってから、この人たちは学校の先生なんだと思うようになってきました。自分が舞台でやるというより学校で教えようと思ってくるわけでしょう。だからその辺で関わり方も変わってきています。それまでは民舞研の人がわかってくれればよかったんだけど、和光みたいに直接子どもがきてくれるのはいいですね。荒馬サミットとかに来る人はその人が子どもに教えるわけでしょ。こんな短い時間で覚えて、祭りも見ないで、本当に大丈夫なのかなって思います。

園田　一〇年間続いた荒馬サミットは藤井さんの企画でしたね。第一回目を中野養護学校（現特別支援学校）でやったとき、参加者が体育館いっぱいで二〇〇人近かった。すごかったよね。

藤井　いや、もともとは今別の平野内さんのアイデアです。地元に来るのは大変だからこっちから行って教えてこようって。一回目はとにかくすごい人数で驚きました。

堂端　和光では二年生がやっていますよね。それはかわいいというのはありますけれど、本当はもっと高学年の子にやってほしいという思いがあります。好きな子は高学年になっても来ていますけれど。

園田　今年も六年生の子が来ています。この子は二年生から今別に通ってきています。荒馬は何歳になっても夢中になれる魅力がありますね。

堂端　女の子は高学年になったら「手綱取り」とか笛とかやってほしいですね。以前通っていた東京の中学生（東大付属中学）がこなくなって、寂しくなりました。中学生の男女がかばいあいながらやるって、こういう祭りでないとできないことだ

から。そういうのが欲しいなって思います。

園田　青年団のころは中学卒業したらだったんでしょう。

堂端　卒業して社会人になってからです。中卒であれば一五、六歳。高卒なら一八、九歳くらいです。

園田　ということは、当時は現役の中高生が踊るということはなかったんですね。

堂端　青年団しかなかったころは、それこそ青年団の男子しか踊れませんでした。中、高生はまわりを跳ねるだけでした。今みたいに子どもがいっしょに太鼓叩くなんて考えられませんでした。もしそんなことしたら踊りを乱すなっていわれます。

園田　昔、子ども会が祭りをやっているのを見たときに、子どもが踊って、太鼓も叩いて、ってやっていて。あれは誰が指導したんですか？

堂端　地元のおとうちゃんおかあちゃんが指導するんですよ。みんな経験者なんだから。結局、青年団だった人がそうやって指導するようになって、そうすると青年団には来なくなる。

これからの今別荒馬について

園田　今の今別荒馬保存会についてお聞きします。

堂端　若い人が入ってきていることはうれしいことです。せっかくなので、もっと若さを出してほしいです。言われたことしかしないっていうんじゃなくて、自分たちでいろいろとやっていこうという気持ちを持ってくれるといいと思います。

園田　もう私も藤井さんもそうですが、堂端さんも今年還暦を迎えます。これから、どういうふうになってほしいですか。

堂端　自分としては、早く引退して若い人を信頼して預けてしまったほうがいいのかなって思うこともあります。保存会はそれでいいけど、ねぶた祭りは人とのつながりとか、経験の積み重ねがあるから、いきなり若い人には難しいですね。

園田　ねぶたは阿部節三さん（当時今別ねぶた実行委員長）が良くやっていますね。若い人も節三さんが組織しているようですね。

堂端　節三さんは興味がある人をはなさないという力があります。何かあるとすぐ連絡して、「こういうイベントあんだけど行ってくれるか」って。それで若い人もやる気になってきます。

園田　太鼓の担い手は、育っているんですか。

堂端　うーん自分もここ二、三年でようやく自分の太鼓ができてきたって感じだから。まだそういうところに入ってきているのはいないんです。

今別荒馬の魅力

園田　藤井さん、今別荒馬の魅力ってなんですか。

今別に通い始めた頃の藤井さん（左、隣は平野内さん、佐藤さん）

藤井　人との付き合いです。迎えてくれるってことですよね。うちの旦那は初めてきたときにいきなり衣装付けさせられて、リヤカー引かされた。そのあとうちの旦那だってわかって、人を拒まないっていうか、受け入れてくれるところがあるなあと思いました。

堂端　一般の人も歩いているのをみると、衣装貸してやればいいのになと思います。でも声はかけないのが普通ですよ、こっちの人は。

藤井　千恵子さん（前保存会長の奥さん）とかが今でも衣装付けてくれますね。本覚寺での昼の食事とかも、運行に参加した人ならだれでも参加自由だった。人を大切にしてくれる祭りっていうのがいいなって思います。馬つけてみろって言われてすぐ踊らせてもらって、そういう魅力もありますね。

　踊りは昔の愛好会の踊りが一番だったと思っているから、最近の踊りはまだまだだなって思います。以前、祭りのとき開発センターでイベントが設けられて、玄関前で踊った人を見て、まずでかい人だなあと思った。踊りも素晴らしいなって思ったんだけど、踊りが終わったとき見たらそんなに大きい人でなかった。その時の衝撃はすごかった。こういうふうに踊りたいな、みたいな。後でわかったんだけど、民舞研の東田君が師と仰ぐ八幡町《はちまんちょう》の梅田さんだったんだよね。

園田　荒馬まつりは、町主導ですか？

堂端　そういうこと。観光協会ができて、荒馬を前に出して、荒馬の里、荒馬の町とパンフレットを作りました。本当はねぶたなんですけど。町外からの観光客を呼ぼうと。といっても、そんなには来てないでしょう。来るっていっても大川平《おおかわだい》の学生と和光とか。最近民舞研も祭りにはこないじゃないですか。

藤井　民舞研は七日日《なぬかび》（最終日）に合わせてくるからね。でも荒馬にくる人たちが来やすいような、バックアップがないと。たとえば奥津軽いまべつ駅にレンタカーがあるとか。そうしないとなかなか続かないと思うんだけど。

堂端　今まで続けてきた人がもう定年じゃないですか。そうなると大丈夫なのかな。これから五、六年ってとこでどうなるのかなって部分があるよね。自然消滅してしまうんじゃないかって心配です。

藤井　そう思っていたけど、今年みたら地元の若い人がいるじゃない。

堂端　その若い人たちが自立してやっていくというふうにならないと。今までやってきた人は定年の年なんだから、もう若者が自分たちに任せなさい、年寄りは出ていってくれというくらいにならないと。

園田　どこの保存会でも共通の悩みですよね。

堂端　私たちは最初の対象が小学校、中学校ではないじゃないですか。その世代には強制的に全員やらせるじゃない。

園田　直接地元の子どもたちに指導することはあるんですか？

堂端　保存のためというより、イベントのために教えてるという感じ。運動会、文化祭のため。でも小学生も中学生も祭りには跳ねには来ません。

藤井　ノルマでやっているみたいなところはあるのかもね。

堂端　仕事休んで日中に教えに行っているんだけど。他ではリタイアした人たちが子どもたちに教えているという部分があると思います。

藤井　小学校、中学校で踊っていた子が高校生になるとこなくなる。それが大人になってもどってくる。でも踊りがちがうんです。

園田　踊りがちがうんですか？

堂端　同じ踊りなんだけれども、子どもにはそこまで要求しないから、そこはちがうんですよ。中学校になれば大分ちがいますけれど。

藤井　中学校にはどのくらい教えているの。

堂端　イベントに合わせてだけど、のべで二か月くらいは。夏から一〇月ころまで、各イベントがあるから。

園田　子どものころ堂端さんは「太鼓うるせーな」って思っていましたよね。でも本物を聞いているわけじゃないですか。そのことの良さもあるし、でも逆にだからいやだっていうのはあるんでしょうか。

堂端　それはないんじゃないかな。自分たちのころは学校で荒馬ということはなかったし。結局大人の問題っていうか。ねぶ

「今別荒馬の集い」であいさつする堂端さん

たや荒馬は。今みたいに二、三団体がやっているわけでなくて、十何団体くるっていう時代だったから。三厩《みんまや》からもくるし、大泊《おおどまり》からも船で来たし。

園田　今は三厩の荒馬は残っているんですか？

堂端　今もやっています。もともとは今別から習ったそうです。一時、やたら跳ねて、というふうになった時期もありました。主に中学生がやっていて、男子少なくて女子が馬やったり。今は一〇日の義経まつりでやっているんじゃないかな。

藤井　今日はおじちゃんとおばちゃんが踊っていましたよ。

園田　基本の型は同じ型なんですか？

堂端　今別から習ったからね。

藤井　佐々木先生（荒馬サミットで何回か講演していただいた郷土史研究家・外ヶ浜町三厩）のところも今別から習ったって。昔は竜飛《たっぴ》にいく途中で、みんなその子たちが歩いていて、なんだかねぶた街道だったなって言っていました。

堂端　一番怖いのは原型がなくなってしまうということです。俺らみたいな祭りがメインで、そこに荒馬があるんだということ。今の若い子たちは荒馬がメインになっています。イベントで荒馬というのは一踊り正味一分とかの長さなんだけど、それをどう一五分持たせるかというようなことになってしまうのね。

藤井　子どものころ踊っていた子たちが大人になって、どういう踊りをするのかっていうのが気になるね。なんていうか荒馬の機微っていうか、ジャンプがない感じがする。

堂端　祭りだけで荒馬やるんだったら自分でその中で成長していくんだろうけど、イベントが多いから。そうすると踊りを揃《そろ》えないといけない。すると個性が育っていかないんです。

園田　イベントだけでやっていく芸能ということも多いと思うんですが。

堂端　そうなるとどうしても見栄えとか、笑ってやるとかが強調されます。

園田　やっぱり三〇年前と今の荒馬は違いますか。

堂端　変わっていると思います。気がつかないうちに変わっているのが怖いですね。昔のどろくさーいいい感じの踊りが今あまり見られなくなりました。衣装も普通の白いTシャツに腰巻きで二頭だけでやるという。あれはよかったです。

園田　「今別のみなさんありがとう」公演のときは大川平保存会も出てくれて、その時に初めて大川平荒馬に出会いとても感激しました。そのビデオが残っていますが、その時は鉦《かね》はありませんでしたね。二頭で、今別と同じようなやり方で。あの時には確かにどろくささを感じました。

堂端　今別も今は横の動きが派手になりました。昔は縦というか、あの絵のようにつま先立ちで、縦に大きく動いていました。昔の踊りはそうでした。だから大きく見えたんです。

体《からだ》　動《うご》きだす！

東京《とうきょう》・町田《まちだ》　和光鶴川小《わこうつるかわしょう》

青森《あおもり》の祭《まつ》り踊《おど》り「今別荒馬《いまべつあらま》」習《なら》った

夏祭《なつまつ》りの笛《ふえ》を吹《ふ》いたり、太鼓《たいこ》を叩《たた》いたりしたことはありますか？　青森《あおもり》の伝統的《でんとうてき》なお祭《まつ》りの踊《おど》り「今別荒馬《いまべつあらま》」を習《なら》う講習会《こうしゅうかい》に行《い》ってきました。（笹島《ささじま》みどり）

「ラッセェラー、ラセラー！」。小学校《しょうがっこう》の運動場《うんどうじょう》のあちこちから、「荒馬《あらま》」の掛《か》け声《こえ》が響《ひび》きました。5日、私《し》立和光鶴川小学校《りつわこうつるかわしょうがっこう》（東《とう》京都町田市《きょうとまちだし》）で行《おこな》われた「民族舞踊《みんぞくぶよう》の集《つど》い」には、おとな50人《にん》、子《こ》ども40人《にん》が集《あつ》まっています。青森県今別《あおもりけんいまべつ》町《ちょう》からきた「荒馬保存《あらまほぞん》会《かい》」の人《ひと》たちが踊《おど》りや太鼓《たいこ》、お囃子《はやし》の先生《せんせい》です。

お囃子《はやし》の笛《ふえ》は篠笛《しのぶえ》といいます。6人《にん》のおとなに交《ま》じって篠笛《しのぶえ》を練《れん》習《しゅう》していたのは、佐川《さがわ》夢果《ゆめか》さん（小6）。佐川《さがわ》さんは篠笛《しのぶえ》を4年生《ねんせい》から始《はじ》めました。「音《おと》が出《で》た時《とき》はすごくうれしかった。音《おと》が出《で》るまで1カ月《げつ》かかりました」

篠笛《しのぶえ》は〝師匠《ししょう》〟が吹《ふ》く音《おと》を聞《き》き、指遣《ゆびづか》いをまねて覚《おぼ》えていきます。「ピーヒャイ　ピーヒャリ　ピーヒャラー」。師匠《ししょう》が吹《ふ》いたお囃子《はやし》はとても速《はや》いのに、佐川《さがわ》さんはそっくりそのまま吹《ふ》くことができました。

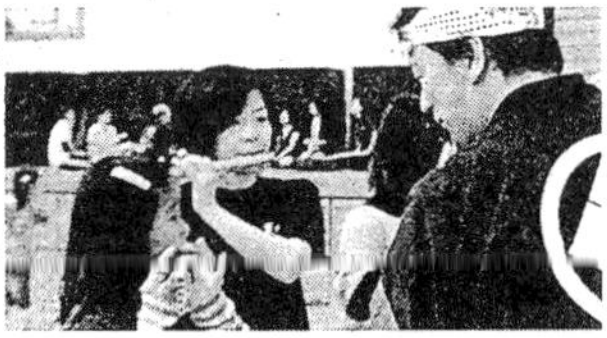

師匠《ししょう》（右《みぎ》）の演奏《えんそう》を覚《おぼ》えて吹《ふ》いてみる佐川《さがわ》さん（左《ひだり》）

本場《ほんば》の衣装《いしょう》を身《み》につけ、みんなの前《まえ》で演《えん》舞《ぶ》したのは、平野凜人《ひらのりひと》さん（中《ちゅう》3）。小学《しょうがく》2年《ねん》の時《とき》に荒馬《あらま》と出合《であ》い、毎年現地《まいとしげんち》のお祭《まつ》りにも参加《さんか》しています。「荒馬《あらま》は心《こころ》の底《そこ》から楽《たの》しい。かっこよく踊《おど》ろうとかじゃなくて、お囃子《はやし》を聞《き》くと体《からだ》が動《うご》きだす」

今別荒馬保存会《いまべつあらまほぞんかい》の人《ひと》たちと一緒《いっしょ》に、祭《まつ》りの面白《おもしろ》さを紹《しょう》介《かい》する園田校長《そのだこうちょう》（左）

和光鶴川小学校《わこうつるかわしょうがっこう》は関東《かんとう》の教職員《きょうしょくいん》の研究《けんきゅう》会《かい》である東京民族舞《とうきょうみんぞくぶ》踊教育研究会《ようきょういくけんきゅうかい》（民舞《みんぶ》研《けん》）の先生《せんせい》たちと一緒《いっしょ》に、長年《ながねん》、荒馬《あらま》に取《と》り組《く》んでいます。

頭《あたま》に手《て》ぬぐいをキュッと締《し》めて、踊《おど》りの輪《わ》に交《ま》じっていた園田《そのだ》洋一校長《よういちこうちょう》。「自分《じぶん》の生《う》まれた国《くに》に優《すぐ》れた芸能《げいのう》があり、大事《だいじ》にしている人々《ひとびと》がいて、生活《せいかつ》の中《なか》で受《う》け継《つ》がれてきたんだということを知《し》ってほしい」と話《はな》していました。

お寺《てら》の境内《けいだい》で演舞《えんぶ》する平野《ひらの》さん（右《みぎ》）

荒馬踊《あらまおど》り　青森県津軽地方《あおもりけんつがるちほう》で生《う》まれた踊《おど》り。農《のう》作業《さぎょう》が無事《ぶじ》に進《すす》むことや、人々《ひとびと》の生活《せいかつ》が栄《さか》えることを願《なが》って行《おこな》われます。

「馬《うま》」役《やく》は腰回《こしまわ》りに馬《うま》をかたどった衣装《いしょう》を身《み》につけ、その手綱《たづな》を「手綱取《たづなと》り」役《やく》が持《も》ち、2人1《ふたりひと》組《くみ》で舞《ま》います。

みんなで円陣《えんじん》を組んで「馬《うま》」役《やく》を練習《れんしゅう》しています

第5回民族舞踊の集い（あとがき参照）の様子を報じる
2014年7月19日付「しんぶん赤旗」

藤井　あと、馬を斜めに直線的に動かすんだけど、もっともっとためて、反ってってやるから大きく見えたんだよね。踊りの中にそういう要素が入っていたというか、反る動きとか。で、反ると疲れるもんね。運行でも二回踊ったら、三回は踊らなかったね。最初のころはすぐ休んでとか思ったけどね。

園田　堂端さんは踊ったことはあるんですか？

堂端　ありません。太鼓だけです。今の子は学校でやっていたことはあるから踊れます。昔の青年団は学校で教わったことはないから、先輩から教わるしかないわけです。すると先輩が三人いれば三人三様だから、自分が目標にする先輩によって自分の踊り方も違ってきます。今でいえば、阿部聖の踊りもきれいでいいんだけど、純の踊りも好きだ。あの体で一生懸命動いている。残念なことに彼は青森にいて、祭りの時期は、ねぶたの桟敷《さじき》作っているから来られないけど。

園田　今日はありがとうございました。明日は運行ですね。頑張ってください。

二〇一四年八月五日　今別港ねぶた小屋にて実施

今別港のねぶた小屋の前で

宮城県指定無形民俗文化財

寺崎のはねこ踊

寺崎八幡神社例大祭（1996年9月）

佐々木《ささき》一《はじめ》　寺崎はねこ踊り保存会会長
×
園田洋一　和光鶴川小学校教諭

桃生《ものう》地区に古くから伝わる祭りがある。四年に一度、地区をあげて住民が熱くなる「寺崎八幡神社例大祭」。その日、神に豊作を感謝して奉納されるのが「はねこ踊り」だ。

はねことは、土地の言葉で跳《は》ねる人の意味で、四年に一度、九月一五日に開催される例大祭の御輿渡御《みこしとぎょ》行列の中で、獅子《しし》舞《まい》や稚児《ちご》行列、本御輿、法印神楽《ほういんかぐら》などと共に賑《にぎ》やかに奉納される豊年踊りである。

はねこ踊りの由来は、言い伝えによると天明・天保の時代にたびたび未曾有の大凶作に見舞われていた村が、ある年、久しぶりに大豊作に恵まれ、神への感謝の気持ちを込めて神社にお礼参りをした。そのとき、喜びのあまり村の人々が、笛や太鼓に合わせて面白おかしい身振りで踊り回ったのが「はねこ踊り」の始まりだといわれている。まさに、米どころ桃生にふさわしい祝いの舞。

（参考：石巻市ホームページ　https://www.city.ishinomaki.lg.jp/cont/10240000/5500/5500.html）

寺崎はねこ踊りとの出会い

園田　私たちが「はねこ踊り」に初めて出会ったのは、確か一九八三年ごろ、民族舞踊研究所の須藤武子先生が紹介してくれたことをきっかけに日本青年館での舞台を民舞研のメンバーが見に行ったときだと思います。私はその報告を聞いて、「はねこ踊り」を初めて知りました。それで和光小の教師が二人でその年か翌年に行われた寺崎八幡神社の大祭で、「はねこ踊り」を見られるということを知り、ビデオ持参で日帰りで見に行きました。それを見ながら教材化し、和光では一九八五年から子どもたちが踊るようになりました。当時は今の「ものうふれあい祭」はまだ開催されていなくて、四年に一度しか行われない大祭でしか見ることができませんでしたから、民舞研のメンバーは大祭の年には見に来て、保存会の隊列にくっついて歩くということが続きました。

佐々木　確か昭和五八（一九八三）年に二回目となる全国青年大会に参加しています。たぶんその時に民舞研の人が日本青年館に来てくれたのだと思います。翌年が全国民族芸能大会で、文化庁から呼ばれてまた上京しています。その時に平野先生は見に来ているのだと思います。楽屋で話をしたことを覚えています。平野先生と何人かが来て「いつ行う祭りなんですか」などと聞いていました。「オリンピックのある年にやるんですよ」などと答えました。昭和六三年（一九八八年）の大祭の時に民舞研の人たちが来ているのが、私たちのビデオに残っています。それから平成四年（一九九二年）の大祭にも来たことを覚えています。ふれあいまつりが始まったのが平成四年からで、この年にシンガポールに公演に行っています。それまでは祭りの山車《だし》の周辺でちょこちょこ教えてきましたが、和光さんに正式に教えたのは平成一六（二〇〇四）年です。

園田　そうでしたね、前年「ドドキテツアー」と呼んだツアーを計画し（第一部七七頁参照）、翌年に和光鶴川小学校に来てもらい、民舞研としては初めての講習会が実現しました。

佐々木　その年の秋にまた全国大会に出場しました。

園田　はい、子どもたちや和光の教師で応援しに行きました。

全国青年大会最優秀賞受賞の際に和光の子どもたちと（明治公園）

最優秀になりましたね。

佐々木　平成一九（二〇〇七）年には「民族ふれあい祭り」でまた上京しました。

園田　一九八三年の民舞研との出会いのほかに外部の方との関わりがありますか。

佐々木　芸能祭をみたという東京清瀬の養護の先生たちも、子どもたちと一緒に七〇名ほど峰山に宿泊して、練習に来たことがあります。地元の学校には中津山第二小学校に昭和四九（一九七四）年から指導をしています。平成七（一九九五）年からは中津山第一小学校にも指導をしています。佐々木真里先生がその前から一部の子どもたちに指導を始めていました。翌年には桃生《ものう》中学校にも指導をしています。平成一一（一九九九）年からは桃生小学校にも指導しています。その時までは「ものうふれあい祭」は寺崎、中津山、桃生地区の地域の祭りでしたが、平塚町長により商工会と一緒に拡大したのが、平成七年で町からもお金をだして盛大になりました。

紀元二千六百年祭にて（1940年）

園田　地元の小学校への指導は何年生に指導されたのですか。

佐々木　全校にです。運動会で発表していました。宮城子ども祭りに今の渥美由紀子さんや若山さんの奥さんの厚子さんなどが小学生（の頃）で連れて行ったことがあります。西條正信さんのお父さんが書道を子どもたちに教えていて、当時の校長先生が教えてくれと頼んできたので、指導することになったんです。

園田　民舞研が出会ってしばらくは、なかなか指導してもらえる雰囲気ではなかったようですが……。

はねこ踊りの歴史と由来

佐々木　当時は青年大会や芸能大会などによく参加して、昭和四四（一九六九）年には、全国大会で二位になって、地元でもパレードなどして盛り上がっていました。その分、みんなカリカリしていて、民舞研の方たちがビデオで隠れて撮影していることは知っていましたが、こちらから声をかける感じではなかったんです。

園田　それまでの「はねこ踊り」はどんな感じだったのですか。

佐々木　それまでは西條正信さんのお父さんなどが青年団で、神社奉納演芸会の前夜祭で踊ったり、紀元二千六百年祭などで参加したりしていました。

園田　寺崎八幡神社の大祭に参加するようになったのが昭和二三（一九四八）年と聞いていますが、

佐々木　戦前は五年ごとでした。昭和一五（一九四〇）年には紀元二千六百年祭がありました。終戦後子どもたちと大人で何かやろうということで大祭が始まりました。私は二二年生まれですが、二七年に大祭の稚児《ちご》行列に出ています。その時の写真がこれ（下の写真）です。

園田　これは歴史的資料ですね。

佐々木　この写真（左頁写真）が昭和二三年の大祭の時の「はねこ踊り」なんです。家紋のついた襦袢《じゅばん》を着て、頭はまだ姉《あね》さん被《かぶ》りではなく、ねじり鉢巻きで踊っていました。この写真は昭和四二年、私たちがはねこ踊りを始めて、県の大会に出たときに初めて母親たちに一五着の衣装を作ってもらったんです。昭和四七（一九七二）年あたりには、神楽《かぐら》も全国大会に参加するなどして、はねこ踊りも県から補助金が出るようになって、全国大会に出ることが続きました。一番は四年に一度の大祭で必ず踊るようになったことが、ここまで継続してきた背景にあります。また私と平塚町長（当時）がつながりがあり、その支援を受けたということもあります。みんなに喜ばれるようになりました。

1952年の大祭の時に稚児行列に参加した佐々木さん（当時五歳）

園田　はねこ踊りは戦前も踊られていたのですか。

佐々木　戦前からやっていました。一番はやはり紀元二千六百年のお祭りでしょうか。馬車を出して「神取橋《かんどりばし》」まで大きな行列ができ、それは華やかだったようです。

園田　どのくらい昔からの資料が残っていますか。

佐々木　今の「けんばやし」は大正になってから作ったようですが、それで「うちばやし」と「ばかばやし」とあわせてそろったようです。

園田　おはやしと踊りは同時に作られたのですか。

佐々木　もともとは「はねこ踊り」はなく「うちばやし」とい

うお囃子《はやし》が継承されてきました。踊りはあとでつけられたのです。仙台に「雀踊《すずめおど》り」というのがありますが、昭和六三年くらいまでは「はねこ」と呼んでいました。その後「仙台青葉祭り」というのが開かれるようになって、伊達政宗の家紋が竹に雀なので「雀踊り」と命名したそうです。

園田　なるほど寺崎には寺崎の「はねこ踊り」があり、仙台にも「はねこ踊り」があったというわけですね。

1948年の大祭

佐々木　そうです。古川にもありましたから、各地に「はねこ踊り」がありました。

園田　だから「寺崎のはねこ踊」というのが正式名称なのですね。それはみんな「うちばやし」なんですか。

佐々木　寺崎ではそう呼んでいました。

園田　そうすると、宮城県内には「はねこ踊り」が各地にあり、寺崎の「はねこ踊り」ははじめに「うちばやし」というお囃子にあわせて踊りが生まれ。大正時代に「けんばやし」や「ばかばやし」が生まれて、「紀元二千六百年祭」あたりで大きく盛り上がり、戦後は八幡神社の大祭の中で継承、発展してきたというわけですね。また衣装も、昔はお古の襦袢とねじり鉢巻だったものが、戦後、姉さん被りになり、大会にも出演する中で化粧回しや衣装も手作りになり、今日の形になったということですね。はねこ踊りの衣装の由来はありますか。

佐々木　はじめは何もありませんでしたから、奥さんたちの長襦袢を集めてそれは色とりどりでしたが、それに黒のお太鼓帯をして、姉さん被りにしていました。男も女も同じ衣装でやっていました。頭も形が崩れないようにベレー帽のようなものを下にかぶっています。

園田　小太鼓ですが、ばちが独特ですね。あれは何の木で作っているのですか。

佐々木　あれは柳の木です。

園田　それを途中まで皮をむいて、佐々木さんは細いほうを持ってたたいていますね。

佐々木　どっちでもいいのですが、重いほうが先のほうが音がいいんですよ。

園田　和光でも、何本かもらいましたが、あれでたたくと確かに音がよかったですね。大太鼓もたくさん使っていますが、高価なものだと思います。昔はどうでしたか。

佐々木　昔は神社に奉納している太鼓をお借りしてやっていました。補助金を申請して少しずつ増やしていきました。いろいろと教えたりする中でもらった太鼓もあります。昔は青年団の団長が管理していましたが、なにしろ数が多いので置くところが大変です。今は私のところの木小屋においています。

踊りとおはやしの関係について

園田　「うちばやし」ですが、踊りの生まれる前とあとでは変わりましたか。

佐々木　いえ、変わっていないと思います。ただ、踊りは今は「けったくり三回」でやっていますが、七八歳になるうちのおばあさんから聞いたのですが、昔はリズムや音に合わせて二回でやったり、六回でやったりした時もあります。本当にリズム感のある人たちがお囃子をよく聞きながら踊っていた。上手なんですね。でもそれはあわせるのが難しいんです。それで昭和四二年の大会の時には、三回で統一されていました。

園田　私たちがたびたび問題にする「ずれ」のことですが……。

佐々木　そうですね、先生たちや専門家の方がよく踊りとお囃子が「ずれていきますよね」と指摘します。昔はお囃子のリズムに合わせて、けったくりを二回にしたり、六回にしたりしてあわせてきました。けったくり三回に統一するとずれていきます。それはふつう大太鼓のリズムと踊りを合わせるので、ますますそのずれが気になるのです。小太鼓に合わせるんですよ。

園田　そのことも何度も聞いてきましたが、私はあのお囃子で小太鼓だけを聞き取って踊るのもむずかしいです。

佐々木　囃子はとてもよくできていてテンポもいいと思います。私たちは平成八（一九九六）年から桃生中学校に教えるようになりました。当時中学生がいろいろと問題を起こすことが多く、それならとはっぴ四〇〇着を寄付して、彼らのやる気も引き出しながらやりました。それで生徒たちも運動会でけっこ

1956年の大祭

う夢中になって取り組んだので、翌年から「ふれあい祭」にも参加をさせることになったのです。桃生中は「ふれあい祭」のために代休を取っています。そのくらい「はねこ踊り」をきちんと教育活動に位置づけています。

園田　踊りの変遷《へんせん》などについてはわかりましたが、佐々木さんが会長になられて、「はねこ踊り」での変化はありましたか。

佐々木　そうですね。やはり大会によく出るようになって、きちんとそろえたいという意識がみんなに出てきました。そろえられる踊りだから、こうした教科書にも取り上げられるようになったのです。

1964年の大祭

園田　それでは以前はもっと自由な踊りだったんですか。

佐々木　そうです。本当に自由でした。しかも華やかなところもあるので、みんなに好感をもたれました。でも他の民俗芸能もそうですが、他の人に見せるとなれば、やはりどう動くのか細かなところまで決めてそろうようにしたのです。

園田　日の丸の扇を使うようになったきっかけは紀元二六〇〇年祭ですか。

佐々木　その前からあの扇でしたが、その理由はわかりません。昔から桃太郎でもなんでも扇には日の丸が描かれていたからではないでしょうか。おめでたいという意味だと思っています。シンガポール公演のときは、相手国の感情を考えて白い扇に桃生町のキャラクターを描いたもので踊りました。自分たちの踊りの価値などあまり考えずに、無我夢中で取り組んできたように思います。

園田　今、和光以外で県外で取り組んでいるところはありますか。

佐々木　岩手大学や山形の東北芸術工科大学、それから学校ではなくクラスで取り組んでいるところがあります。

保存会のこれまでとこれから

園田　今、保存会員は何名ぐらいですか。

佐々木　会費を払っているのは三〇名くらいです。あとは協力者がいます。青年会がなくなってしまったので、保存会青年部とか婦人部とか作りたいと思っています。

園田　昨日のふれあい祭で、保存会の隊列で踊った皆さんは協力者の方たちですか。

佐々木　そうですね、今は小学校三校と中学校に教えているので、好きな子どもたちが卒業しても踊っているんです。六〇人から七〇人くらいはいるんですけれど、いろいろと用事があったりして昨日くらいの参加（四五人くらい）になりました。

園田　お囃子として山車に乗っていらっしゃったのが保存会員ということですね。

佐々木　そうだと思います。

園田　みなさん地元の方たちですか。

佐々木　そうです。桃生の者たちです。

園田　今、過疎化や少子化の中で芸能の保存が厳しい中で、とてもすごいことですよね。

佐々木　そうですね。石巻地区の伝統芸能の冊子を作ったのですが、神楽などでも活動しているところが少なくなってきています。

園田　桃生地区は青年が多いんですか。

佐々木　いや、やはり囃《はや》し方《かた》がいなくなると厳しいですね。だから神楽の囃し方などにも保存会から応援に行っています。

園田　全国的に見ても、地元でこれだけの祭りができることは本当に珍しいと思います。

佐々木　そうですね、昨日も一二〇〇人の参加がありました。こんな小さな町でこれだけの規模の祭りですから、地元の消防や警察などはみんなかかわってもらいますが、役場の職員も総出でやっています。人口はそれでも減ってきていますから、誘導などは外部に委託したりもしています。

園田　保存会では踊りやお囃子の練習を定期的にやっているんですか。

佐々木　保存会、愛好会のメンバーが定期的に子どもたちに指導をしています。これは自主的なもので、踊りの好きな子どもたちが集まるので、自然にうまくなっていきます。ただ、指導する側も仕事の合間にボランティアでやっていることもあり、できれば市や社会教育などで予算化してもらって、場所も確保して指導をしっかりやっていきたいと思っています。また山車や衣装などの道具の保管も今は私の家でやっています。祭りの

1984年の大祭

反省会や打ち合わせも家でやっています。

園田　そうですね。でも会長のあの倉庫スペースでみんなが集うのも楽しいですが。

佐々木　もう、夕べも一一時過ぎまで反省会をやっていましたよ。みんなも気兼ねなく飲めるのがいいんですかね。

園田　保存会が子どもたちに教えているようですが、何人くらいですか。

佐々木　一〇人から多いときは二〇人くらい来ていますね。その時々で「今日、会長さん、参加していいですか」という感じで気軽に参加しています。

園田　本当にこちらの小学生たちは上手ですよね。どのように指導したらあのように踊れるようになるのか、もっともっと学びたいです。

佐々木　昨日のコンテストも中学生のグループがふたつ同点で争いましたが、上手な子たちは部活ともかねていて、試合と重なることも多いんです。昨日演奏していた桃生中学校吹奏楽部の中にも踊りの好きな子どももいて、昨日は町での演奏会とも重なっていて、引っ張りだこなんですね。吹奏楽部は全校の四分の一の生徒が所属するくらいの人気で、指導する先生も熱心な方です。その先生も「この地域は、すごいですね」と話しています。とにかくいろいろな場所で演奏する経験を大事にしているようです。だから子どもたちも目標をもって一生懸命に取り組むんです。「はねこ踊り」も同じで、青年大会などに何度も出場することが私たちの励みになっていました。もともとは八幡様のお祭りやふれあい祭に出るところから始まりましたが……。今は評判を聞いて、月二、三回は踊りを披露する場があります。

園田　会長として長年かかわってきて、はねこ踊りの保存、伝承という点で課題に感じることはありますか。

佐々木　人がやっていることですから、人間関係とか、また家族の関係で途中で来なくなってしまったなどいろいろとありました。最近はメンバーも増えてきたので、いろいろあってもやれているけれどね。

園田　保存会の会長はどのように選ぶんですか。

佐々木　一応任期は二年なんです。

ものうふれあい祭で締太鼓を打つ佐々木さん
（左から二人目）

若き「和」を訪ねて

学年ごとに「日本の踊り」

和光鶴川小学校と和光小学校

学校法人和光学園が経営する和光鶴川小学校（東京都町田市）と和光小学校（世田谷区）の児童は、各学年ごとに異なる民俗芸能を体験している。春から少しずつ踊り方などを学び、校内の「秋まつり」などでお披露目している。

一年生は北海道・阿寒の「アイヌの踊り」、二年生は青森県今別町の「今別荒馬」、三年生が宮城県桃生町（現・石巻市）の「寺崎はねこ踊り」、四年生が岩手県岩泉町の「中野七頭舞」、五年生が岩手県衣川村（現・奥州市）に伝わる「大森み神楽」、六年生が沖縄県のエイサー。

きっかけは、和光鶴川小の園田洋一校長(六〇)が和光小の教員になったころにさかのぼる。「子どもたちに価値ある伝統文化を伝えたい」と、先生らが民俗芸能を調べ、現地で踊りを習った。一九九〇年ごろには六つの踊りが教材として定着。テキストも作らず、見て聞いて体で覚える。「地元でも少しずつ変わっていく。人から人へ伝えることを大切にしたい」からだ。

園田さんは九四年に異動した和光鶴川小でも活動を継続。伝統芸能に触れることで、身の回りの社会や地域への関心が広がる。踊りで表現力が身につき、自信がつく。「テストの評価でなく、『やった』という達成感が大切」と言う。

体育や総合学習の時間などを活用。現地から保存会の人を招いて教わったり、現地で学んだり、地元の祭りで披露することもある。今年も両小学校の三年生約三十人が九月、石巻市の「ものうふれあい祭」で、はねこ踊りを実演した。和光鶴川小の福田伊吹君(八)は「家でもお母さんと練習した」といい、今野七葉さん(九)は「踊りはとても気持ちいい」と晴れ舞台に満足そう。

東日本大震災では、踊りで交流のある被災地を先生や父母、児童が支援した。「震災前からつながりがあったからこそ」という。園田校長が他校の先生たちと活動する「東京民族舞踊教育研究会」には、こんな合言葉がある。「日本の子どもたちに日本の踊りを」（五十住和樹）

和光学園　幼稚園から大学まで経営する学校法人。児童数は和光小が約300人、和光鶴川小が約400人。1933年に設立。小学校では多彩な行事や活動が特色。

地元の人たちに「はねこ踊り」を披露する和光鶴川小学校の児童たち＝9月13日、宮城県石巻市で

東京新聞

2014年（平成26年）11月7日（金曜日）　☆　文化娯楽　16

2014年11月7日付「東京新聞」

園田　そうなんですか。二年ごとの更新なんですね。

佐々木　もう私も六七歳なので若い人に交代したいと思っているんですが、事務局長も震災復興の仕事を抱えていて、また地域の少年野球でも指導をしていて忙しいので、まあ続けているわけです。

園田　さて、二〇一一年三月一一日の東日本大震災で、ここ石巻市はその津波などで大きな被害を受けました。その時私たちはなかなか連絡も取れず心配しました。保存会のみなさんはどの様な影響があったのですか。

佐々木　保存会の中でも石巻の病院に娘さんが勤めている人がいて、津波で亡くなられました。娘を亡くしてしばらくは活動にも参加しませんでしたが、その後少しずつ顔を出すようになってきました。会社が流されて、仕事がなくなった人も、車を流された人も何人もいます。みんな石巻で働いていましたからね。体調を崩した人もいましたね。あの震災は保存会としても大きな出来事でしたね。私も無理しないで、顔を出せるようになればいつでも参加してもらうようにしています。はねこ踊りに参加することで元気を取り戻す人もいますからね。

これからのはねこ踊り

佐々木　私たちも民舞研や和光とつながるようになり、踊りへの意識も幅広くなり、昨日のように和光の子どもたちが来るのを地元も楽しみにするようになりました。ふれあい祭は、最初はコミュニティー祭りと呼んでいました。大祭は昔は九月一五日の敬老の日に行っていました。だから必ず休みだったんです。山車は今のように毎年同じではなく、九月一日になると「今回はどんな山車にしようか」などとみんなで飲みながら話し合ったものです。一四日には山車もできたので、大祭だけではもったいないと前夜に繰り出そうということになったのです。これがコミュニティー祭りの始まりです。それがすごく盛り上がって、地元からは大祭がかすんでしまうと心配の声も出たほどです。そのうち毎年寺崎、中津山などが合同になり、商工会も花火を上げるということで、大きくなりましたが、その時もまだここ寺崎でお祭りはやっていました。

園田　ふれあい祭は、寺崎地区内でやっていたんですね。

佐々木　そうです。その頃は保存会でも山車を三台作っていました。

園田　おはやしの話に戻りますが、さきほど踊りは小太鼓を聞きながらという話がありました。大太鼓、笛、かねとそのバランスについてはどうですか。見ているとやはり小太鼓にベテランを当てているという感じですが。

佐々木　うーん、でも大太鼓も昨日の舞台を見ていても、やはりみんな「手打ち」なんですね。

園田　手打ち？

佐々木　手だけで打っているという意味です。太鼓も踊るように打つんです。保存会も発表する機会が多くなったこともあり、近年はそのことも大事にしてきています。芸能もいいものがあるなあと思っていても、応援してくれる人がいて成り立つものです。はねこ踊りもこうして盛んになったから役所や行政も支援してくれるようになり、学校も行事で取り上げてくれるようになりましたが、こうした支えがないといい芸能も生き残ることは厳しいです。

園田　大祭ですが、今は「はねこ踊り」だけでなく、神楽や獅子舞、神輿や稚児行列などがありますが、昔はどうでしたか。

佐々木　昔ははねこ踊りも二〇人くらいでした。神楽も今のようにそれぞれ伝承

修学旅行の途中で和光小学校に寄り、はねこ踊りを教えてくれた桃生中学校三年生のみなさん（2010年）

する人がいましたが、困難な時期もありました。今は学校でも取り組むようになったことや、行政の支援もあり、子どもたちも大祭に出るのは当たり前という意識が育って、地域全体に芸能を担う雰囲気が出てきています。みんな来年、再来年はいつなのか、休みを取ってと話題にしています。

園田　佐々木さんから見て「寺崎はねこ踊り」の魅力はどの辺にあると思いますか。

佐々木　踊るとみんなに喜んでもらえることが一番です。そのことで自分たちもうれしい。小学生や中学生に指導してみて、みんな楽しんで踊っているのを見ると、ああ、やっぱりいい踊りなんだと改めて感じます。本当によく続いてきたと思います。大祭もそうですが、ふれあい祭もはじめは勢いで始めたところもありますが、こんなに続くとは思いませんでした。

園田　現在私たちも含んで県外でもはねこ踊りが盛んに学校で実践されています。会長として、「はねこ踊り」に取り組むにあたり、メッセージはありますか。

佐々木　私は和光の先生たちが、お囃子も踊りも取り組んでいることに感動しています。地元の人たちも、毎年東京から踊りに来るほどこの踊りはすごいのかと見直しています。桃生でも子どもたちに指導すると、校長先生をはじめ子どもの良さを通じて、はねこ踊りの価値を認めてくれます。私もこんなに魅力があるのか、不思議でなりません。自分たちの踊りの価値などあまり考えずに、無我夢中で取り組んできたように思います。

園田　地元の民俗芸能が、その地元の子どもたちや県外の子どもたちが踊ることで、ますますその価値が見直されてきたことは私もとてもうれしいです。これからも地元からもっと学んでいきたいと思います。今日はありがとうございました。

佐々木さんのご自宅で

二〇一四年九月一四日　佐々木さん宅で実施

岩手県岩泉町郷土芸能

中《なか》野《の》七《なな》頭《ず》舞《まい》

山本恒喜《やまもとつねき》　中野七頭舞保存会元会長
×
古矢比佐子《ふるやひさこ》　元公立小学校教諭

中野七頭舞は神楽舞《かぐらま》いの一部で、「シットギジシ」を基本とした舞いであり、発端は天保時代にさかのぼるといわれています。当時、神楽太夫《だゆう》と呼ばれた工藤喜太郎は、三六名の弟子がいて種々の神楽を舞うことができました。神楽太夫は毎年巡業をし、北は久慈から南は山田、大槌《おおつち》と舞い歩き、好評を得たと言われています。この喜太郎が神楽舞いの一部を取り入れてこれを基本とし、中野に七頭舞を創始したといわれています。演舞する基本は、二人一組の七組で一四人です。すなわち「先打ち」「谷地払《やちはら》い」「薙刀《なぎなた》」「太刀《たち》」「杵《きね》」「小鳥」「ササラスリ」の七種類で、これが七頭舞の語源とも言われています。また、踊りの種類も「道具取り」「横跳ね」「チラシ」「戦い」「ツットウツ」「みあし（鳥居掛かり）」「道具納め」の七つに分かれており、ここからも七頭舞の意味がうかがわれます。当初は神楽で踊られていたのですが、時代とともにうつりかわり、集落の祭典に奉納されるようになりました。

（参考：「中野七頭舞」ホームページ
http://www.nanazumai.net/cms/about.html）

中野七頭舞との出会い

園田　中野七頭舞を見つけ、出会いを作ってくれた古矢さんから、最初の出会い、きっかけを教えてください。

古矢　民舞研は一九七九年に大森みかぐらを地元に習いに行ったんですね。それまではわらび座とか荒馬座から習って教材にしていたのですが、地元で踊られているみかぐらとは違うことが分かって、地元に習いに行きました。その頃は年に一回行って教わる感じでした。翌年はわらび座の茶谷さんに、荒馬《あらま》を紹介してもらって一九八〇年に青森県の今別に行ったんですよ。

その次にって、私が思ったのはみかぐらくらい子どもたちに踊りがいがあるものを教えてもらえないかなということです。八一年三月の春休みにわらび座の民族芸術研究所に行って、「民舞と教育」というファイルを一晩かけて読んだ中に、中野七頭舞があったんです。岩手日報の一頁にかなり大きく写真入りで記事が出ていた。今思えば「横跳ね」の写真、勢いがあっていいなって思いました。後継者がなかなかいなかったけれど今子どもたちに教え始めているっていうような記事でした。わらび座の新聞に、小本《おもと》にわらび座が取材に行ったというのも出ていて、その中で岩手民舞研の千田先生という人がいるとわかりました。小学校の先生です。千田先生に、「中野七頭舞という踊りを見たことはないけれど、記事を見てぜひ習いたい、保存会長さんに紹介していただけますか」って手紙を書きました。そうしたら千田先生から返事が来て、保存会長が恒喜さんだったのですが、「会長がぜひって言ってます」と。そのころ北上芸能まつりはお盆のころに開催されていました。そのあとだったらって言われて、小本での初めての合宿を二泊三日で組みました。

ちょうどその年、音楽教育の会の全国大会が青森であって、八月の一、二、三日に予定されていました。やっぱり先に踊りを見たいから、「私、八月一日に行きます」と言って、青森に行く前に一人で盛岡から山田線で行きました。宮古駅に恒喜さんと千田先生が迎えに来てくれて、小本小学校へ初めて七頭舞を見に行きました。子どもたちが体育館で踊っているのを見て「やった」と思いました。この踊りは絶対子どもたちが好きになる。いい教材になるって。「横跳ね」の横に跳ねる動きが「みかぐら」の足出しとは違う感じの動きだし、〝ダガスコ　ダガスコ　ダガスコ　ス〟っていうリズムもみかぐらとはまた違うものをもっていて、ああいいなって。

園田　それは何年ですか？

古矢　一九八一（昭和五六）年です。その時一二人くらいで合宿をしたんです。北上芸能まつりで衣装をつけて踊っているのを見て、やっぱりすごいって思いました。

園田　みんなで見たんですか。

古矢　何人かね。全員ではなかったかもしれません。まわりの

小本海岸でキャンプ（右から二人目が古矢さん、1981年）

お客さんの中にも、七頭舞を楽しみに来ている人がいるとわかりました。二泊三日で三浦民宿旧館で泊まって、小本小学校で練習しました。その時は園田さんはまだいなかったけど平野さんはいました。まだ三陸鉄道もなかったし、宮古からバスで来た人もいました。

この時、私は三足《みあし》を覚えられませんでした。みんな筋肉痛で宿に帰ってきてからふとんにころがって右、左ってゴキブリみたいだねっていいながら練習していました。すごく楽しかった。次の年はキャンプをしました。

恒喜　最初に小学校で担当したのが千田先生、その次に担当したのが女性の先生で、千田先生は、いるうちに引き継ぎたいと言って、その次の人が澤田先生といってこの人がキャンプファイアの空中線を引いてくれた人。

園田　保存会としては、こうやって民舞研が来たというのはどうだったんですか？

恒喜　こんなに長い付き合いになるというのは全く考えていなかったんですよ。保存会そのものが他所《よそ》に教えるということはなかった。そもそも自分たちの地域のものを継続するということすら難しかった。そこまで三年か五年ぐらい踊られては一〇年ぐらいブランクがあって、また踊られてというような歴史ですから。自分のところで継承するということ自体がその二、三年のことだった。今の保存会は昭和五一年か二年（一九七六年か七七年）。白山神社のお祭りで、おみこしがあるんですけれど、何十年もそのみこしが下りるということがなかった。三鉄（三陸鉄道）の工事が始まって、神社の下にあった大きなケヤキの枝が折れると通学路が危ないと切ることになって、これは銘木ですからいい値段がついた。そのお金でおみこしを京都に送って飾りから漆《うるし》から直して、六十何年ぶりに部落を回るという大きなお祭りになって、それを契機に七頭舞も始まったんですよ。

保存会の歴史について

園田　その始まったというのは、どういういきさつですか。

恒喜　昭和三七年（一九六二年）、私が一七歳くらいのときに、何十年ぶりかに七頭舞が復活するということで声をかけられて、当時は保存会というのではなくて各地に青年会というのがあって、中野青年会とか、その青年会が伝承するというのが昔からのしきたりで、保存会という名前をつけなくても各地域で伝承されてきた。中学を卒業すると自動的に青年会なんです。地元に残ったものは全員入るという、そういう中で七頭舞が始

保存会のみなさんと（左から古矢さん、千田先生、一人おいて山本さん、阿部さん）

まったんですよね。

園田　ということは青年会のメンバーとして始まったと。

恒喜　そうです。今はその人の技量によって道具を振り分けるんですが、当時は下駄箱順で入った順に「先打ち」から、「小鳥」は下っ端で最後に入った人。「先打ち」というのは、工藤喜多郎（七頭舞の創始者）の本にも載っているんですが、七頭舞は中野白山神社のための踊りではなくて、小本八幡宮の先導をするのが七頭舞だったんですよ。小本の八幡宮のおみこしの先導を切っておどるというのが恒例だったんだそうです。

　昭和二二年（一九四七年）に、せっかく練習を重ねてきたのに、台風のために小本のお祭りがキャンセルになって残念な思いをしたっていうのが先輩の話だった。以来三七年まで七頭舞は途絶えていて、それを復活するというときに私たちが新人として入ったんです。最初の保存会だったんですが、何年か続いて、また途絶えて、復活したのが昭和五一年、今の保存会です。で、昭和五二年に千田先生が赴任してきた。白山神社のお祭りが旧暦の三月なんですが、新暦だと四月のおわり、踊っているときにカセットレコーダーを背負った知らない人がずーっとついて歩いてきていた。打ち上げのときに「おいあのカセットレコーダー背負っている人は誰だ？」「なんでも今度小学校に来た先生らしい」ってことになって、千田先生が七頭舞を気に入って、「これをぜひ北上の芸能まつりに紹介したい。知り合いが観光課にいるから」と声をかけてくれて、五三年に北上に初めて保存会が出た。当時北上のお祭りと言ったら高嶺《たかね》の花で、あそこに行けたら死んでもいいっていうぐらいのね。ちょっと手の届かないお祭りなんですよ。

　当時は「東北六大まつり北上芸能まつり」という名目で。出られるというので衣装を買い揃《そろ》えたり。八月一五日、一六日と踊って。それが私の最初で最後の北上の踊りです。その年の秋におやじが亡くなって、次の年から太鼓を打つことになった。その時の八ミリがネットで配信されてみんなが見ています。

小本小学校での実践が始まった

恒喜　北上芸能まつりに出た五三年の秋口に、千田先生から民舞クラブをつくって小学校で教えたいという話がきた。しかし、「無理だ、子どもに踊れる踊りではないよ」と何回かは断ったんです。でも千田先生がスッポンみたいな先生で、食いついたら離れないんですよ。「じゃあまあしょうがない。小学生が踊れる範囲でやってみましょうか」と。一一月までは屋外のクラブなんですが、一一月から屋内のクラブに切り替わる。当時は有志で、五、六年生の中から何人か。この時の一期生がチャッパ（小さなシンバルに似た打楽器。鳴り物）のひろ兄さんのお兄さんです。わたるたちはその下、二期生。百たちが三期生。

当時の保存会の教え方というのは、手をとってというのはなかった。とにかく先輩の踊りを見て見よう見まねでやると。当然練習だけでは踊りきれなくて、本番の時にお祭りで一回だけでなく家々の前で何回も踊る、そのお祭りを通してようやく踊りがつかめるんですよ。ですが子どもたちに教えるというときに、見よう見まねではやっぱりまずいと。子どももそうですが保存会も一からの勉強でね。いざ練習するとなったときに、「ちょっと待って」と言って隅に集まって、一、二、三、四、ああこれで合うんだなと。ところが子どもっていうのは、大人は習ったら次の日半分くらいしか覚えていないんだけれども、一回覚えたのを忘れない。「横跳ね」ができた、じゃあ「切り合い」やるか、それもクリアした。じゃあ一番難しい「ツットウツ」やってみっかということでね、その時に子どもの能力のすごさ、子どもの力にびっくりしたんですよ。

園田　子どもたちは踊りを見ていたんですか？

恒喜　そんなにチャンスはないですよ。ついに全部覚えきってしまったんですよ。本当は二月にクラブの発表会、学校内だけのを想定していたんだけど、あまりにも踊りが素晴らしくて、地域の人にも見てもらいたいということで先生たちもポスター作ってね。

当時の校長が、あとで田老《たろう》町長にもなった吾妻《あづま》校長さんという方なんですが「なんで小本には『さんさ』があるのに中野の踊りをさせるのか」とＰＴＡから苦情があったらしいんです。でもそれは校長さんが全部のんでくれて私にも千田先生にも言わなかった。で、発表会で見せたところ地域の人たちがみんな涙、小本の言葉では「めっつる」を流してね。感情的なものをみんな流してくれたんですよ。その成功のあとに、校長さんが言ったんですよ。「こういうことがあったんだよ、でもこのめっつるでみんな流れてしまったなあ」って。

それで第一回が大成功におわって第二回、第三回とね、現在に至るという。翌年から自分の息子、娘に「来年のクラブ絶対入れよ！」とみんな言うもんだから、民舞クラブに集中してしまって、ほかのクラブがつぶれかかるということがあった。千田先生がいろいろ策を練って、「おまえは手が器用

愛護少年団の子どもたちと

だから踊りよりも家政がいい」とかいって人数調整をしたりとかということもあった。三回目くらいから七頭舞だけだと物足りないということになって、踊りが上手な子を三人選んで神楽を教えたんですよ。岸部落の竹田さんていう人にお願いして来てもらって、三人に教えてもらって、発表会で踊らせた。それから原先生という先生が小学校から田老の末前《すえまえ》分校というところに行って、末前分校でも神楽の一部を習っていた。小本小学校の発表に末前分校の神楽のメンバーもきて、七頭舞、神楽、末前と盛り上がった。

佐伯さんとの出会い

恒喜　その時三人の子に神楽を舞わせて、師匠の竹田さんが太鼓をたたいて、大牛内《おおうしない》の千葉さんという人が達人でチャッパをお願いして、笛をっていったときに、笛は黒森神楽に佐伯さんっていう若いのがいるから、あれを呼んで来ようって言って。それ以前に岩手日報の記事で黒森神楽の若手ということで佐伯さんが上がったことがあったんです。その記事をみて初めてこういう神楽好きがいるんだなと思ったんですが、その時になにかこの人とつながってなにかやるんだなと思いましたよ。そして、その通りになったんです。その時初めて合わせてこんなに合うもんかなとも思ったし、音色の良さにびっくりしてね。それから佐伯さんとの交流が始まったんです。それまでは七頭舞には笛がいなくて。

　そこから存命の間はずっと佐伯さんに保存会の笛をお願いしてきたわけだけど、そのあとをついて歩いた子どもたちが隆幸であり、博樹だったわけですよ。佐伯さんは佐伯さんで、地域の芸能を子どもに教えるっていうのは逆にこちらから学ぶところが大きかったんですね。それで佐伯さんは山口小学校とか、千鶏《ちけい》小学校とかというところで、小本を手本にしていろんなところでやったんです。それで今は黒森に若い人がたくさん入っているけれども、それが土台だった、その種はそうして蒔かれていたということです。

白山神社の前で古矢さん（中央）と地元の子どもたち（1981年）

口唱と太鼓譜のこと

園田　道具取りは昔習ったとき笛がなかったですね。
恒喜　吹けなかっただけですよ。
園田　笛は佐伯さんが入ってからですか？

恒喜　そう、佐伯さんが入ってから。子どもたちの七頭舞も三回目の発表会で、神楽をやったときから子どもたちのお囃子ができたんですよ。今のチャッパの刻みも、口唱をつくったんですけれどもあれはけっこう大変で、大きな模造紙に書いてね。それを踊る前に千田先生が子どもたちに見せて。あの口唱というのはチャッパの唱えなんですよ。前はチャンカチャンカとそれだけだった。今のチャッパは子どもたちから。

園田　ということは、子どもたちに教えるようになってあの口唱は生まれたということですか？

恒喜　そうそう。口唱もだし、今は見かけないけれど太鼓の楽譜を私が考案したり。

古矢　道具取りを太鼓譜にするってすごく難しくて、それを作りながら恒喜さんが「これでいいかなあ」って見せてくれたりしました。そこに札幌民舞研の人たちも関わりながら完成して、今の形に変わってきた。でも輪踊りの口拍子はもう私たちが最初に来た時にはあって、体育館に貼ってありました。

中野七頭舞愛護少年団の誕生

園田　その小本小学校で教わった子たちが愛護少年団になっていくのかな。

恒喜　小学校では民舞クラブがあるんだけど、中学になると何もない。だからその場として愛護少年団、イコール保存会になっていくんだけど、この少年団というのは作ると補助金があったんですよ。その補助をもらうために少年団という名称でつくった。それがなければ保存会だったわけ。

古矢　七頭舞愛護少年団という名前が不思議だなあと思っていました。

恒喜　そういうわけだったんですよ。今の保存会があるのは子どもに教えたということがある。しかしただやるといっても、何月何日にこれがある、だから練習しようという目標がないと絶対にだめですよ。常に子どもたちに目標を持たせるために、どんなところからきたやつでもホイホイ受けるわけ。ところが仕事もあるのに、なんで俺の都合も聞かないでと、保存会も大変だったんですよ。ものすごいスケジュールの中で、仕事も家庭ももって七頭舞、一番多い年では五三回出演があって、そのほかに小学校の指導、神楽の指導と、土日は七頭舞に関わる生活でした。

　普通ならもう「やーめた」ってなりますよ。でもね、上級生がやっていると下級生が掃除しながらほうきもって窓から覗き込んでね、来年やるんだって。下校途中にも棒っきれもって踊

民舞研の練習でチャッパを打つ山本さん

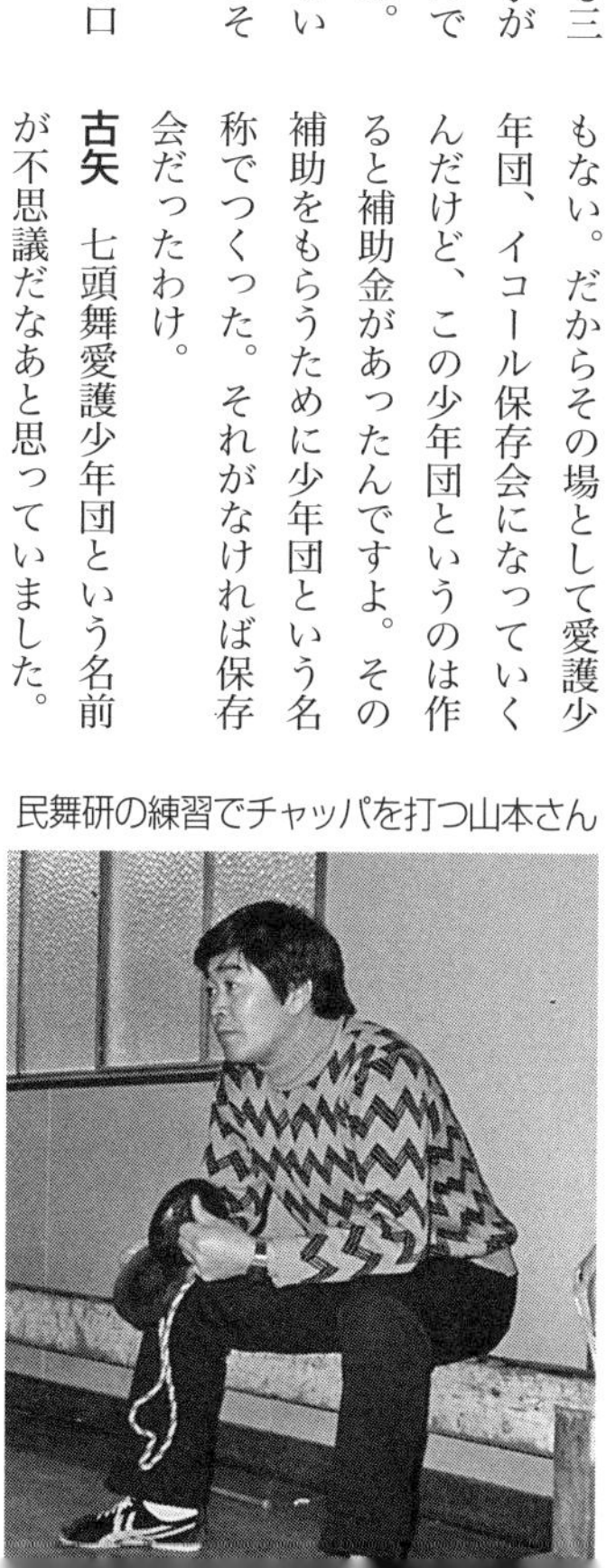

田野畑の祭りで普段着で踊る阿部さん
（先打ちのいっちゃん）

って帰ったとか、そういう話もあってね。いやこの今の流れを断ち切るのはだめだ、俺が辛抱してがんばらないとってね。それでできましたよ。

園田　恒喜さんはそれで「先打ち」を踊っていて、踊りを引退して、すぐに太鼓叩けたんですか？

恒喜　それが、俺は誰にならったという記憶もないし、練習したという記憶もないんです。頭に入っているんですね。俺が踊っているときに親父が太鼓打ちだったんですが、その太鼓を私が直していた。こうこうだって。親父も素直でああそうかって直して。だから習った覚えはないんですよ。

古矢　岩泉の郷土芸能祭で踊らせてもらったときに、岩泉の団体が一三団体とか出てくるんだけど、七つものとか獅子踊りとか神楽とか、でもどの芸能もあの同じタイプの太鼓を叩いているの。でも叩き手はみんな六〇とか七〇とかの年配の人で、恒喜さんだけ三〇代の若さで、なんか全然違うの。勢いとか響きとか。あーやっぱり恒喜さんてすごいなって思ったの。すごい人に習っているんだなって。

恒喜　ふつう保存会の会長というのは古矢さんのいう通り六〇歳とか七〇歳とかなんですよ。だから公演の依頼があって電話があったときに、出ると「すいません会長さんのおじいさんお願いします」って。「私が会長です」っていうんですが。

民舞研との交流

恒喜　何周年かのときに使った「出会い　はばたき　七頭舞」ね。どんなに学校行って一生懸命取り組んでも、どんなに子どもたちを育てても、一地域だけのことではなかなかね。保存会とすれば、まず千田先生との出会いですね。ここから発展して、次が東京民舞研ですね。最初は軽いつもりだったんだが。なんか東京の人っていうのは田舎にいるとね、なんか光っている。そういう人と付き合いができる。交流会をして、大人同士が酒を酌み交わして、その周りに子どもたちがいて、その雰囲気の中で子どもたちを育てていって。その子どもたちがただ遊んで、見ているかどうかはわからないんだけど、そういう中で感じて育っていくんですね。彼らは彼らなりにその大事さというのが分かっていくしね。本当に民舞研との出会い、そこから更なる出会いがあって、出会いの一言につきると思いますよ。

園田　古矢さんがそうやってきて、何年か小本に通って習って、そのあと東京にきてもらって講習会をやりましたよね。

古矢　園田さんが小本にきたとき、恒喜さんに初めて「道具取り」を教えてもらいました。一年目にきたときはとても教えてもらえなくて、それが八一年のときで、三日間で覚えきれなくて、八二年の正月に平野さんや何人かで行きました。それまでは一回行って教わってくるという感じだったんだけど、七頭舞は一回ではとても終わらない。それで通うようになっていった。その後、なかなか小本まで行けない人もいるし、恒喜さんにお願いしたら東京にも来てくれるとも言うし。講習会は一九八五年だったと思います。

恒喜　みんな行きたいんですよ。あこがれの東京なんですよ。

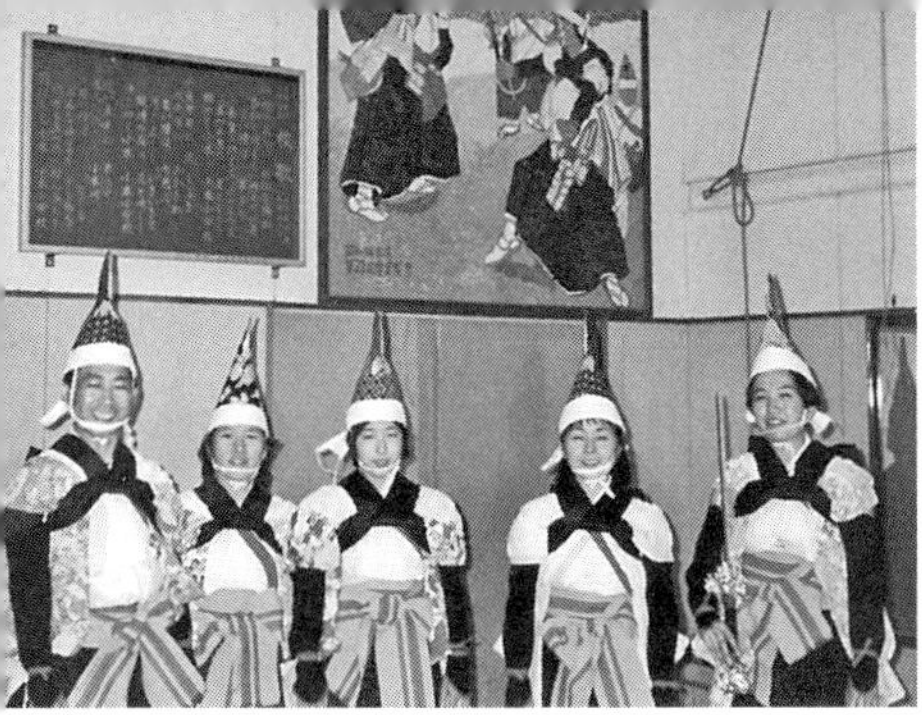

初めて七頭舞の衣装を着せてもらう（1982年）

中学校の修学旅行を待たないと東京の空気は吸えないという時代ですよ。それが小学校五、六年の子たち、中学校一、二年で東京に行けるというのはものすごい話なんですよ。だから子どもたちも燃えるわけです。もちろん保存会もです。オンボロ車でね、冷房もない、つるんつるんのタイヤでね。

古矢　ぎゅうぎゅう詰めでしたよね。道具も積んで太鼓も積んで。

恒喜　東京まで肩を寄せ合っていきました。

園田　それで恒悦《こうえつ》さんがいつもビデオを回してね。

古矢　真由美ちゃんが「東京っていつも星はこれだけなの？」って言って。「お水はこんなにおいしくないの？」「風がふくとなんか顔に当たる？」とか言って。

園田　東京で何年くらいやりましたか？

古矢　五、六年はやりました。夏じゃ暑すぎるから冬にやったりもしました。

「あしがらあそびの学校」との出会い

恒喜　子どもたちと関わるようになって四、五年たったあとに、保存会もこれから子どもたちとどう関わったらいいかって、どう伝承してもらったらいいかって手探り状態で、どうやったらいいかってもやもやしていたとき。そのとき初めて古矢さんから「あしがらあそびの学校」（古矢さんが地元神奈川県足柄の地域で取り組んでいた子ども会的活動）での練習会の話があって、そこでわれわれには発想もつかないような、地域の子どもを地域の大人で育てようっていうね。その高橋さんはじめとする地域の大人たちが遊びの場を作ったり体験の場を作ったりというの見て聞いてね、あっこれだって思ったんですね。これか

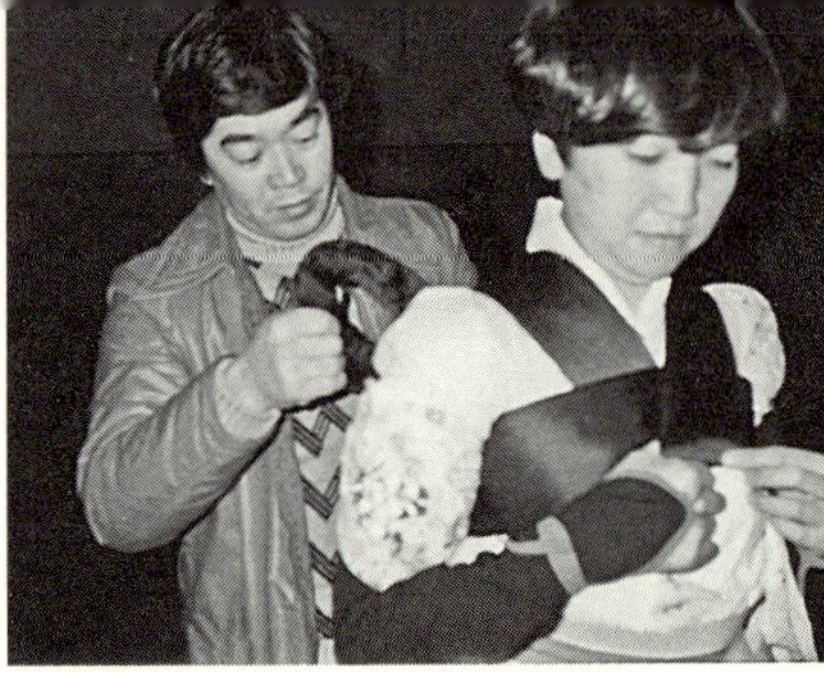

山本さんに着付けてもらう古矢さん（1982年）

ら保存会がやっていくのは、踊りはやるんだけれども踊り以外のこともね、自分の子どもでなくても地域の子どもは地域の大人がいっしょに遊びながら活動しながらいっしょに成長していければいいなって。それは今でもちゃんと生き続けています。出会いがいろいろあるけど、活動の出会いとしてはあそびの学校ですね。

古矢　ちょっと恒喜さんと似た人がいるんだよね。恒喜さんのところから熊肉が届いたり、こっちから足柄の物を送ったりしてね。

園田　「あしがらあそびの学校」では、なぜ七頭舞だったんですか？

古矢　それは私が七頭舞のとりこになって、学校の中でやるとしたらそんなに短い時間の中で教えられるものじゃないでしょ。「あそびの学校」だったら毎週毎週続けてできるし、私が踊って見せたらすごくかっこいいって言われて。はじめは踊りってなんか女の子のものって感じだったのですが、男の子たちがやりたいなって入ってきて。「そうだよ。もとは男の踊りなんだよ」と言って。毎週毎週練習して、お父さんやお母さんたちも踊ったり、太鼓や笛の練習もするようになりました。

恒喜　まったく関係ない大人が来るっていうのがすごいんですよ。またその大人同士が仲良しで、行ったり来たり、その関係が好きなんですよ。

園田　活動を始めてどのくらいで七頭舞を？

古矢　七六年から「あそびの学校」が始まっています。八一年に七頭舞と私が出会って、遊びの学校のお祭りの時に呼ぼうって言って、八四年の三陸鉄道の開通の時にきてもらった。

七頭舞と出会い、民舞研の活動が変わった

古矢　民舞研も最初にみかぐら、次の年荒馬って一年ごとに行っているでしょう。まだそこで一回教えてもらえば、覚えられたっていう気持ちになっていたんですね。でも七頭舞を教わったときに、私は三足が覚えられなくて、その冬に何人かで習いに行きました。そういうことは初めてでした。お囃子もまだあるし、「道具取り」って踊りがかっこいい。あれも教わりたい、やっぱり一回では学びきれないものだっていうことが、はっきりわかりました。七頭舞を通してやっぱり続けていかないとわからないものなんだなって。しばらくして、やっぱりみかぐらにもまた行こう、荒馬もってなっていた。だから民舞研の活動の仕方も七頭舞と出会って変わったと思う。

さっき恒喜さんが言われた「子どもってすごいものだ」と、それで七頭舞を教えてきたという話を千田先生から聞いたときに、ああこの保存会長さんだったら子どもに教えるっていう意味をちゃんとわかってくれて、教えてもらえるなって。それは心強かったのです。「子どもに伝えるものとして七頭舞はとてもいい踊りなんだ」という共通認識を初めから持っていたように思います。

恒喜　民舞研の「日本の踊りを日本の子どもに」っていうの。それは最初理解できなかった。それが民舞研とつき合うようになって、人間お金があったからといって幸せじゃない、貧乏では困るけど、やっぱり心が豊かでなければだめだ。初めてそのときね、人とのつながりが大事なんだって思ったんですよ。

人とのつながりの中で育つ青年会

園田　子どもたちが立派に成長して、後をついでいくっていう。これからの七頭舞にかけるものっていうか願いというのは。

恒喜　さっきのは子どもたちにいかにつなげていけるかっていう話だったけれども、これは今の青年会にも言えることなんですよ。これだけ世の中が便利になって、金さえあればどんな楽しみもいっぱいあるという中で、あの青年会の気持ちをとらえていくために、やっぱりこういう出会い、場なんですよ。飲まない私にとっては、なんの意味もない話をしてただ酒を飲んで、騒ぎをして。でもそこにやっぱり大事さがあるんですよ。青年会はあの楽しさ、つながりがあってやっていけるんですよ。

　三年くらい前まではこいつらただ飲み会好きで来てるなって感じだったんですよ。ところが三年くらい前に札幌の講習会があって、その打ち上げのときに博樹とかてっちゃんとか、すり寄ってきてね。「恒喜さん、ちょっと話があるんですが」と。「この間、消防団の飲み会で宮古に行って飲み屋で話をしていて、これからは俺たちががんばんないとだめだよなって話をしたんですよ。で、これからは太鼓も笛もチャッパもがんばって練習したいと思うので面倒見てくれませんか」って、話をしたんですよ。それで自分たちで全部やるようになったんですよ。それで彼らを見直してね。これはもう当分心配ないなと。

園田　岩泉でも七つ物というのはいくつもあるでしょう。その中で七頭舞がこれだけ注目され、続いてきたっていうのは何でしょうね。

中野七頭舞保存会のみなさん（2014年）

古矢　子どもたちの成長とつながりを七頭舞を通して、四〇年ぐらいの間に作ってこられたと思います。今年の講習会では、最初からお囃子も含めて講師陣がそろっていました。それって保存会の中でも画期的って言われているんだけど、それはそうやってつなげてきた成果があるんじゃないかなって。踊りも中学生も一生懸命踊っているし、小学生も踊っているし。地域の中でのつながりが作られてきたということだと思う。

恒喜　去年から、名目だけだけど、舞い納めとか舞い初めの会とかをやっているんですよ。一人ひとりしゃべるんだけど、そこで私が言ったのは、私はもう七〇なんだけど、孫みたいな年の人と同じ目的をもって、同じ喜びを味わって、同じ苦しみを味わって、それがね、考えてみればものすごい幸せな話なんですよ。孫といっしょの世代と同じことがやれる。これからもみんなに必要とされる人間でありたいなと思って、そういうような新年の言葉を言ったんですね。かっこつけじゃなくそうあり続けたいです。いくつになっても「やっぱりここは恒喜さんがいないと」と言われるものでありたいです。

三・一一東日本大震災と保存会

園田　二〇一一年三月一一日のことは小本《おもと》にとっても大きかったことだと思うんですが、保存会の人たちはどうだったんですか？

恒喜　いっちゃんともよく話をするんですが、震災にあったわれわれよりも、遠くの七頭舞の関係者の方が心配してくれて。そういう電話とか手紙とか、なんかくすぐったいような。人命的にも物質的にも保存会は直接の被害はなかったから。会員のおじいさんが一人亡くなったけれども。たしかに大変は大変なんだけれども、それ以上に遠くの人たちが心配してくれて。平野先生が亡くなって追悼の会をやったときに、この人も知り合い、この人も知り合いとなったときにおれたちはすごい付き合いをしてきたんだなと思ったんだけど。

園田　その年の白山神社のお祭りはできなかったわけですよね。

恒喜　地元では一年はできませんでした。その復興の起爆剤として各市町村でいろいろなイベントを企画したんですね。それにいろいろ出るようになって。地元にあれだけの被害があったのに、自分たちは華やかな衣装を着て踊るというのに最初は抵抗があってね。でも何回かやっているうちに、結果的にそういうのがみなさんを勇気づけているんだって。保存会で一番後遺

津波で全壊した小本

症っていうか、それまでは小学校でも中学校でも、声をかければ保存会のメンバーっていうのはそんなに苦労なく集まったんだけれども、中高生の活動の足が止まってしまった。子どもには子どもなりの大人には知りえない影響があった。そこからはまだ回復していないんですよ。そこからちょっと中高生のメンバーは途絶えてしまって。今年沖縄の全国大会に中学生が行きますが、これが起爆剤になるといいと思っています。県大会で優秀賞になって全国大会に行くんですよ。

被災した小本中学校

園田　今は小本中学校はどうなっているんですか？

古矢　今は大牛内《おおうしない》に。もともとは大牛内の分校だったところに小本小と小本中が間借りしているという状況。

恒喜　中学校にはいろんな地域の子がいますから、中野の七頭舞だけでなく大牛内の七頭舞、中島の七つ物、中里の七頭舞と四つの七つ物を踊る子がいて、それまではやらなかったんだけど、全国大会のために学校をあげて全校で中野七頭舞をやる取り組みをやったんですね。これからは地元の子どもたちだけでは人数が足りないですから、ほかの地域の子たちの力も借りて七頭舞をやるということになるのかなあと思っています。

園田　震災後、五月に古矢さんは二戸《にのへ》から下りてきて、いっちゃんたちには会えたの？

古矢　三浦さんの辺りとかは被災されて何もなかったし、白山神社の下に石黒さんの家があるんだけれど、そこも被災されていました。大工の三浦康柾《やすまさ》さんという方、初めのころは娘さんが三人いて踊っていて奥さんともよくいっしょに動いていて、その方は奥さんが大変だったって。車の中に閉じ込められちゃって。一晩中車の中で押しつぶされていたって。中学校に行ったときに、グランドにプールがあったのですが、それがひどいことになっていて。

恒喜　生死紙一重なんですよ。ドラマのような話がたくさんありました。

古矢　二戸から下りてきたからまだ田老を通っていないわけですよ。恒喜さんやいっちゃんたちに会えて、そのあとに田老を通って四五号線を通ったときに本当にびっくり、何もないっていう状況を初めて見て。その年の二〇一一年一〇月に日立のお祭りがありましたね。講習会も今年は難しいだろうし、日立に行ったんです。そこで佐々木隆幸さんが挨拶《あいさつ》したんです。いろんな人に支援をしてもらってうれしいですということ、感謝していますってことと、やっぱり七頭舞を踊るっていうことが自分たちにとって自分たちも元気が出ることだし、周りの人たちも元気にすることだと思いますって。その話がすごく良くて、隆幸さんも一人前に成長されたんだなという思いと、そうやって七頭舞を保存会は踊ろうとしているんだなと思いました。

恒喜　あのときは被災地の芸能というような位置づけでしたから。浦浜念仏剣舞《うらはまねんぶつけんばい》とか。

園田　そこが最初の公演でしたか？

恒喜　いや、最初ではない。近辺で復興イベントが結構あったんです。

園田　龍泉洞まつりは？

恒喜　その年はさすがになかった。その翌年の夏か、秋かにやったんだったかな。千年に一度の災害を私の時代にみるとは思わなかったなあ。

中野七頭舞現地講習会の再開

園田　講習会は二〇一一年できなくて、二〇一二年もできなかった。で、去年（二〇一三年）ですね。

古矢　わざわざ遠くから来た人たちが、小本の現実を見ることもなく七頭舞を練習して帰ってしまうっていうのは意味がないと思いました。みんなが泊まれる所は小本にはないので、岩泉かグリーンピアしかない。でも練習は小本でやろうと思っていました。

恒喜　私は地元の人たちも言わないことなんですが、夏の講習会は地元の風物詩になっているんですよ。婦人の家（今の中野交流館）辺りや、ほかの会場でも太鼓の音が聞こえてくる。そして行ったり来たりする見知らぬ人たちがたくさんいて。七頭舞の講習会が地元の人たちには安心感のようになっていました。震災後、（ようやく）その風物詩が戻ったようです。

園田　古矢さんが七頭舞に出会い、いっちゃんや恒喜さんと出会う中で、七頭舞を通した人と人、東京やあしがらと小本とのつながりが生まれ、震災を乗り越え、またそのつながりが地元の風物詩として復活しました。これからもまた小本に通い続けたいですね。ありがとうございました。

元・婦人の家（現・中野交流館前で）

二〇一四年七月二七日　田野畑村羅賀荘にて実施

岩手県伝統芸能

大森み神楽《かぐら》（大森神楽）

菅原恭正《すがわらやすまさ》　元大森分校主任教諭
菅原静香《すがわらしずか》　大森神楽保存会前会長
青木峰子《あおきみねこ》　元私立高校教諭
×
古矢比佐子《ふるやひさこ》　元公立小学校教諭

大森分校時代、み神楽を舞う菅原静香さん（右）

大森神楽は、一九七〇（昭和四五）年七月、当時の衣川村立衣川小学校大森分校教諭佐々木久雄（直木賞作家、故・三好京三）氏と当時村の教育長で大原神楽の師匠、故・小坂盛雄氏が中心となり、分校の児童に神楽を伝授したのが始まりです。その後学校教育とかかわり合いながら活動し、児童全員に踊り伝えられてきました。一九九八（平成一〇）年三月に大森分校が閉校となり、保存会として再スタート。一関市山谷から伝わる三輪流の流れを継承し、南部神楽の一団体として活動しています。

（参考：「大森神楽保存会」ホームページ
http://oomorikagura.web.fc2.com/index.html）

大森分校とみ神楽の実践

園田　私たち民舞研と大森み神楽の出会いの中で、当時分校主任だったヤスマサ（菅原恭正）先生との出会いは、踊りを越えて小学校の教育実践と学校作りでも大変大きな影響を受けてきました。そこでまず、ヤスマサ先生が大森分校に赴任されるにいたった経緯を教えてください。

ヤスマサ　大森分校が閉校になるとき、私が編集して大森分校閉校記念誌「大森の灯よ」という冊子を作りました。そこに民舞研の平野正美さん、園田洋一さん、古矢比佐子さん、青木峰子さんが投稿してくれています。他にカメラマンの故・黒木啓さん、埼玉大学の清水寛先生も書いてくれています。

園田　懐かしいですね。大森分校がなくなることは私たちにとっても大きな出来事でした。民舞研のメンバーで閉校式に行きましたね。

ヤスマサ　三好京三が大森分校で神楽を始めたのが昭和四五（一九七〇）年なんですね。この記念誌にも「神楽元年」として三好京三は書いています。彼はとなりの町に住んでいて、昔から親しい友人でした。大森分校時代を舞台にした「子育てごっこ」という小説で直木賞をもらいました。彼はそのとき水沢の学校に異動していました。その後、「赤旗」（日刊新聞）に私を主人公にした「俺は先生」という連載を四五一回書きました。これは三好京三の小説の中で一番長い作品となりました。文藝春秋から出版しましたが、その後上下二冊の文庫本になりました。そのように長い付き合いでした。私が前沢の小学校に勤めている時に、だいたい四年で転任なんですね。その四年目になったら地域のお母さんたちが、「ヤスマサ先生を転任させるな」と署名を集め教育委員会に陳情をしました。一方で大森分校の矢崎静香さんや斉藤森さんのお父さんたちが「菅原ヤスマサを大森分校によこせ」といって同じように署名を集めて教育委員会に出しているんですよ。

園田　神楽は三好京三さんが始められたのですよね。

ヤスマサ　私は衣川小学校に七年いたことがあり、そのとき三好京三は大森分校にいました。そのときに神楽を始めました。当時大森分校は「僻地三級」でしたが、あいさつもよくできて、はきはきして、物怖じしない子どもたちに育っていました。そ

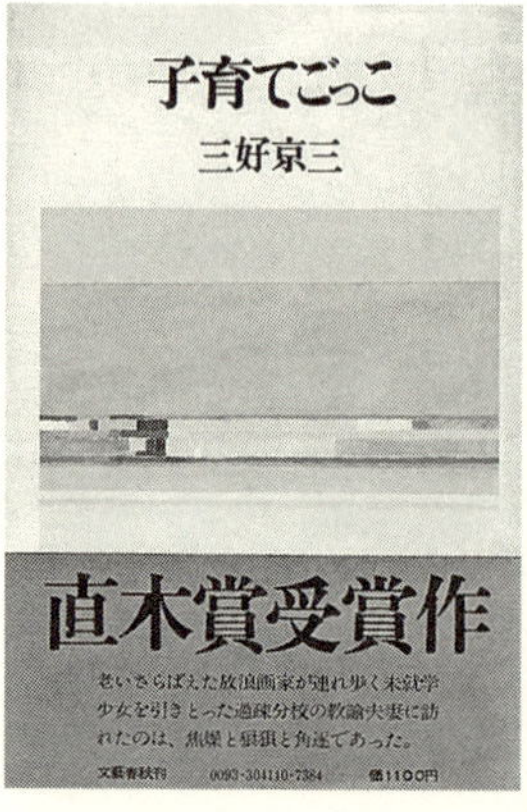

れなのに三好京三は神楽をやろうとしたので、私は「そんな神様にささげる踊りを子どもたちに教えるなんて教育じゃない」とはじめは反対したのです。でも分校の子どもたちの踊りを見て、すごく感動したんです。それで本校（衣川小学校）の子どもたちに分校の神楽を見せてほしいと頼みました。講堂で踊ってもらいました。他の先生たちもとても感動していました。

園田　それで地元でも認知されたのですね。

ヤスマサ　その後分校に転任してから、私は「言葉と身体による表現活動」を大事にしました。体のほうは神楽を、言葉のほうは詩の暗唱を始めました。一年生から六年生まで、毎月二編くらいみんなの前で暗唱します。たとえば与謝野晶子の「君死にたもうことなかれ」のような長く難しい詩も一年生から暗記するんです。今、神楽保存会で胴をとって（太鼓を打って）いる佐藤吉訓《よしのり》は、一年生のときから六年生も覚えられないような長い詩を覚えてしまうような子どもでした。

園田　静香さんは和光小に来た時に暗唱してくれました。みんな驚いていました。神楽は小坂先生が指導されていたのですね。

ヤスマサ　神楽は師匠の太鼓に合わせて踊るということで、受動的な感じがしたのです。そこで和太鼓も取り入れたいと考え、年間予算のほとんどを使って購入しました。その魂《たましい》入れを宮城県にある「ほうねん座」と宮城教育大学の人たちにお願いしました。身体のほうは神楽と和太鼓で育てようとしたのです。そんな実践を「日本標準」の「教育賞」に応募しました。懸賞金として何十万円ももらえるんです。以前も個人の実践で応募したら二〇万円もらいました。第八回に大森分校教師集団として「ひとりひとりを明日の主権者に～小さな分校の学校づくりの記録～」として応募したら第二位に入選しました。太鼓を買ってしまって予算がなくなったので、それで賞金をもらいうれしくなりました。それで次の年もまた応募しました。今度は大森分校という学校として「どの子にも生きる喜びと輝く瞳を～ことばと身体による表現の力をどう育てたか～」を応募したら、最優秀賞になり三〇万円の賞金が出ました。これで学芸会に使う幕だとかを買うことができました。

園田　大森分校を参観したとき、朝の会で神楽と詩の暗唱をしていましたね。

ヤスマサ　神楽は朝の会でもやりましたが、夏休みにはラジオ体操の代わりに、「早起き神楽」と称して、朝ごはん前にみんなで集まり、講堂で神楽を舞ってから、一日をスタートしていました。

園田　和光の子どもたちと一緒に、夏休みの早起き神楽にも参加したことがあります。生活の中に神楽が位置づいていて、いいなあと思いました。

和光小学校で詩の朗唱をする静香さん（当時六年生）

ヤスマサ　そんな子どもの神楽を荒馬座の方たちが見に来るようになって、とても親しくなりました。私が分校を辞める前の年に園田先生から、分校を和光小学校に呼びたいという話が来ました。一日目は和光小学校の体育館で神楽や太鼓・詩の暗唱などを披露して、二日目は桐朋学園の体育館で民舞研主催の講習会を行いました。講師は分校の子どもたちでした。

園田　懐かしいですね。大森み神楽に出会い、分校の子どもたちに出会って、どうしてもみ神楽に取り組んでいる和光の子どもたちみんなに出会わせたかったんです。かなり強引なお誘いでした。でも東京に来ることは子どもたちが反対したんですよね。

ヤスマサ　そうです。斉藤森と矢崎木綿子《ゆうこ》いう子がいました。この子たちがうんと反対しました。木綿子はここにいる静香さんの妹ですが、「あんなごみごみしたところに行きたくない」「空気が悪い」「動物の世話をしなければならない」などといろいろと理由をつけて反対しました。森も木綿子に釣られて「私も行きたくない」と反対しました。二人のお父さんは、私を分校に引っ張った人たちですが、お願いして説得してもらいました。

園田　あのすばらしい出来事は、大森分校にヤスマサ先生がいたからこそ実現できたことです。この出会いが、和光でも今日まで大森み神楽を実践し続けるエネルギーになっています。

ヤスマサ　私は大森分校に五年いて、ここを最後の職場として定年を迎えることになりました。この学校の実践を誰に引き継ぐか。それがまた大きな課題になりました。三好京三とも相談しました。岩手県内の教師で大森分校を引き継げるのは宍戸春雄しかいないとなりました。宍戸は全国的にもよく知られたすぐれた国語の実践家でした。ですから全県的に、とても引く手あまたの教師でした。その彼を分校主任になるように各方面に働きかけたんです。当時宍戸は宮古の小学校に勤めていました。水沢の教育委員会が、彼を呼ぶことに決めていました。思想的には教育委員会からは歓迎されない人物ですが、教師としては抜群の知名度なので呼んでくれたんです。そこで私と三好京三は村長にも働きかけて、大森分校に呼んでもらったんです。そして定年までの四年間、分校で私のあと神楽や朗読など引き継いで活発に進めてくれました。

園田　ヤスマサ先生との思い出は、たくさんあって語りつくせないですね。そのヤスマサ先生が分校主任だった当時の小学生が、菅原静香（矢崎静香）さんですが、後ほど今の保存会の活動についてもお聞きしますが、当時のみかぐらを中心に思い出はありますか。

分校の生活

静香　私は当時の分校の子どもの中では異質で、実は二年生に

大森分校講堂で踊る分校の子どもたち

あがるまで盛岡にある大きな小学校に通っていました。そこで私はいじめにあって不登校になりました。両親はとても悩んでいました。当時父親も都市計画の仕事をする会社員でしたが、それがいやになっていました。田舎暮らしにあこがれていました。その時斉藤洋三さんという父の友人が、この人が森ちゃんのお父さんですが、先に大森に入植していました。

ヤスマサ　京都大学の農学部を出て、大森で農業をやっていました。

静香　有機農法による米でした。私の父もこういう農業をやりたいと思うようになりました。その話がたまたま村長の菊池豊さんの耳に入り「ちょうどキャンプ場の管理の仕事が空いているからこないか」ということで、二つ返事で大森に一家で移り住むことになりました。

園田　盛岡の大きな学校から、こんな小さな分校に来てどんな印象でしたか。

静香　私は分校に転校してきて「天国に来たようだ」とまず思いました。みんなが当たり前のようにあいさつしてくれる。それはごく自然なことなのに。それほど前の学校はギスギスしていました。それが分校に来たらだれも怖くないんです。みんなほっぺを赤くして、鼻水たらして、「しずかちゃーん」って来るんですよ。とても安心できる環境に来たという印象でした。

園田　よかったですね。そして神楽にも出会ったんですね。

静香　当時は授業ではなく、放課後に先輩が後輩に自主的に指導するという活動でした。私は一人遅れているわけです。分校には私が転校する前の年まで仮一年生制度があって、幼稚園が遠くていけない五歳児が、もう小学校に来て遊んでいるんです。当然この自主的な神楽の練習もしていて、五歳からやっていた一年生がものすごく上手に神楽を踊っていました。分校の子どもの中で私一人だけ踊れなかったんです。その私に合わせて、みんなが自分の遊びを我慢して、放課後残って神楽を教えてくれました。毎日一時間の練習です。腰を下ろすだけの練習を一週間、扇を持つだけの練習を一週間という感じで、とことん付き合ってくれました。私の分校でのスタートは特別でした。私は六年生から一年生に、みっちりと神楽の基礎を教えてもらいました。私は、こんなに楽しいものがこの世にあるんだと思って、神楽が大好きになりました。

園田　分校に神楽が伝わっていたことで、すばらしい出会いができたんですね。

静香　そうですね。その後、私たち子どもは衣川荘や老人ホームなど、いろいろなところにお呼ばれして公演をしました。当時の分校の子ども神楽では、最初の一年は、踊らないで「カネすり」をしなければなりません。同じ二年生や一年生が踊っている中、私は一年間「カネすり」でした。本当に悔しかったです。はやくうまくなりたいと思いました。でもおかげで先輩の踊りを見る機会や、「カネすり」で太鼓のリズムなど、たくさん学ぶことができました。分校の子どもたちはこうして神楽が上達していたんです。悔しかったけれど、今から思えば恵まれた立場だったとも思います。

ヤスマサ 地元の大原神楽と共演して運動会で踊って、地元の人たちにはとても喜ばれました。岩手民教研の集会でもそのオープニングで踊りました。テレビにも出たことがあります。

園田 ヤスマサ先生はどんな先生でしたか。

静香 あまりにも強い印象しか残っていません。いつもヤスマサ先生と一緒にいたように思います。

ヤスマサ 当時、分校の子どもは全員教師の車に乗れる人数でした。水沢の消防署や工場など社会科見学と称して、いろんなところに連れていきました。劇団仲間の「森は生きている」の劇にも連れていきました。仙台の公演でしたが、劇団「仲間」から大森分校がくるというので、カンパをもらったこともありました。

静香 私の家と斉藤家は外部からの入植者でした。その二家庭のために分校は廃校を免れていました。そのくらい子どもが少なかったんです。「いやー、静香ちゃんが来てくれて、分校がなくならずにすんだ」と大歓迎を受けました。斉藤家と私の家で、かなり強引にヤスマサ先生をお呼びしたようです。妹の木綿子は個性の強い子ですが、ヤスマサ先生のおかげで大きく成長させていただきました。

ヤスマサ 木綿子は私が複式学級で担任しました。いろいろな思い出があります。

静香 私も木綿子も分校の黄金時代にいました。日本でも最高の教育を受けてきたと思っています。こんな教育を受けてきた子どもはほかにいないだろうと思います。

ヤスマサ 一九八二年から、宮城教育大学の中森先生が学外集中講義として、大森のキャンプ村に学生たちを泊めて神楽の練習を始めるようになりました。二泊三日で四〇名の学生が参加していました。今でも続いています。ムジカのみかぐら講習会も一一回続いています。それから盛岡の附属小学校との交流も続きました。

静香 学校って一般的には学習をするところで、放課後や家に帰って遊ぶというのが普通ですよね。大森分校は、学校そのものが遊びにあふれています。冬になるとキャンプ場の坂でそり遊びで二時間も遊ばせてくれる。寒いのに二時間も見ていてくれるんです。山菜の季節にはみんなで山菜を取りに出かけたり。

その先生たちも「俺は今日メーデーがあるから、自習にする」とか、突然マムシを捕まえては、子どもたちの見ている前で皮を割いて、内臓もとって低学年の窓の外に干しているんです。

園田　ヤスマサ先生の指導の特徴は何でしたか

静香　そうですね。分校の子どもたちが園田先生に呼ばれて東京に行く話がありましたね。あの時は妹の木綿子や森ちゃんがヤスマサ先生に反抗して私も見ていて大変でした。でもヤスマサ先生はじっくり話を聞いてくれて、どうしたらいいかを話し合わせてくれました。いやなことはいやだと言えること、自分の考えをはっきり言うこと、そして相手の意見も聞きながら話し合うこと、そんなことを大切にされていたように思います。よく話を聞いて、子どもと議論してくれる先生でした。親子のような対話と遊びのある先生でした。

青木　私は年も年ですが、あとから民舞研の仲間に大森分校に連れて行ってもらったのです。大森分校に出会ったときは、とにかく子どもにとっても大人にとってもすごいのひとことでした。当時私は私立高校の教師でした。教育方針をめぐってよく管理職とけんかをしていました。分校の子どもたちが暗唱していた詩の中で、気に入ったものを隠れて教室に張っていたりもしました。厳しい職場にいて、大森分校からはずいぶん実践的にも励まされてきました。

み神楽を生徒に教えるときに、分校の話を必ずしました。詩の暗誦でとても感動したことを話すと、思い出して涙が出てくるんです。生徒たちはそういう私を不思議そうに見つめながら、話を真剣に聞いてくれました。テープも聞かせました。わかるんですね。学校とは教育とは何なのか、とても悩んでいた時期に民舞研に出会い、そして大森分校に出会いました。私は高校で体育を教えていて、身体表現活動として民舞に取り組むようになりました。生徒たちが表現する喜びを感じられるかどうかは、教師にかかっていると思うようになりました。

民舞に取り組むたびに生徒たちが変わっていくのがよくわかりました。変わっていくのは生徒たちですが、その力は教師によって引き出されると思いました。み神楽に出会ったことで、私の授業も大きく変わりました。菅原むつみちゃんっていましたね。当時一年生か二年生だったと思いますが、今はどうしているでしょう。冬の大森は雪が深くて、私たちが分校を訪れたとき長靴を貸してくれて「どうぞ」と手を差し延べて「先生、裏山に出かけましょう」と誘ってくれたんです。しっかりしているというか、やさしいというか、あのように大人に接することができる子どもの存在に驚きました。

ヤスマサ　東京に呼ばれたとき、青木先生は子どもたち一人ひとりにお金を

詩の朗唱をする木綿子さん

渡して「これで自分の切符を買うんだよ」と教えてくれました。宿舎になった荒馬座のけいこ場では「大森分校のみなさん、ようこそ」という横断幕が迎えてくれました。また岡田仁さんたちは、銭湯に連れて行ってくれました。ここも一人ひとりで自分の入浴料を払いました。民舞研や荒馬座のみなさんは子どもたち一人ひとりを尊重してくれました。荒馬座から記念に「チョロＱ」と太鼓のばちをもらいました。子どもたちはすっかり荒馬座のみなさんが大好きになり、首都圏で活動している荒馬座は、たぶん初めて東北岩手の大森分校のある衣川村で公演することが実現したのです。三回公演がありましたが、地域からも大好評でした。

青木　障害児の教育についても学ぶことがありました。講堂の入口でずっと入れなくて待っている子がいましたね。

ヤスマサ　みんなの中に入れない自閉的な子どももいました。私は川添邦俊という障害児教育専門の先生の論文を読んだことがあります。それには「集団に参加していく過程」というくだりがあります。集団に参加できない子どもを「できない」ととらえるのではなく、「できないということができる」ととらえる。はじめは「拒否する参加」だったものが「目で見る参加」「期待する参加」「近寄ってみる参加」「まき込まれて逃げる参加」「まじりこんでいる参加」「ぶつかり合う参加」そして「ルールのある参加」と変化していく。川添さんの考え方でその子たちにも取り組んできました。そういう中で、ずいぶん変わってきました。そのきっかけの一つは神楽でした。

静香　あの子には、私たちも一緒に関わってきました。声をかけたり、話を聞いたり、講堂に入れるようになるのにずいぶん時間はかかりましたが、その変化は子ども心にもよくわかりました。落ち着かない子、吃音《きつおん》のある子、いつまでも文字が覚えられない子、分校にはいろいろな子どもたちがいました。でも誰一人はみ出ないで、ゆっくり変わっていくことが許されるところが大森分校でした。そういう子が今保存会の中心に立って活躍しています。

青木　私もつい最近の「神楽まつり」で見て驚きました。

静香　今、神楽をやっている人間は二つに分かれます。器用でたちまち上手になっていく人と、不器用でなかなか覚えられない人がいます。不器用な人は、悔しいのでゆっくりですが、一生懸命に練習するんですね。

青木　静香さんは東京に来た時、与謝野晶子の「君死にたもうことなかれ」を暗唱しましたね。すごいなあと思いました。民

小坂盛雄先生（右）と三好京三先生

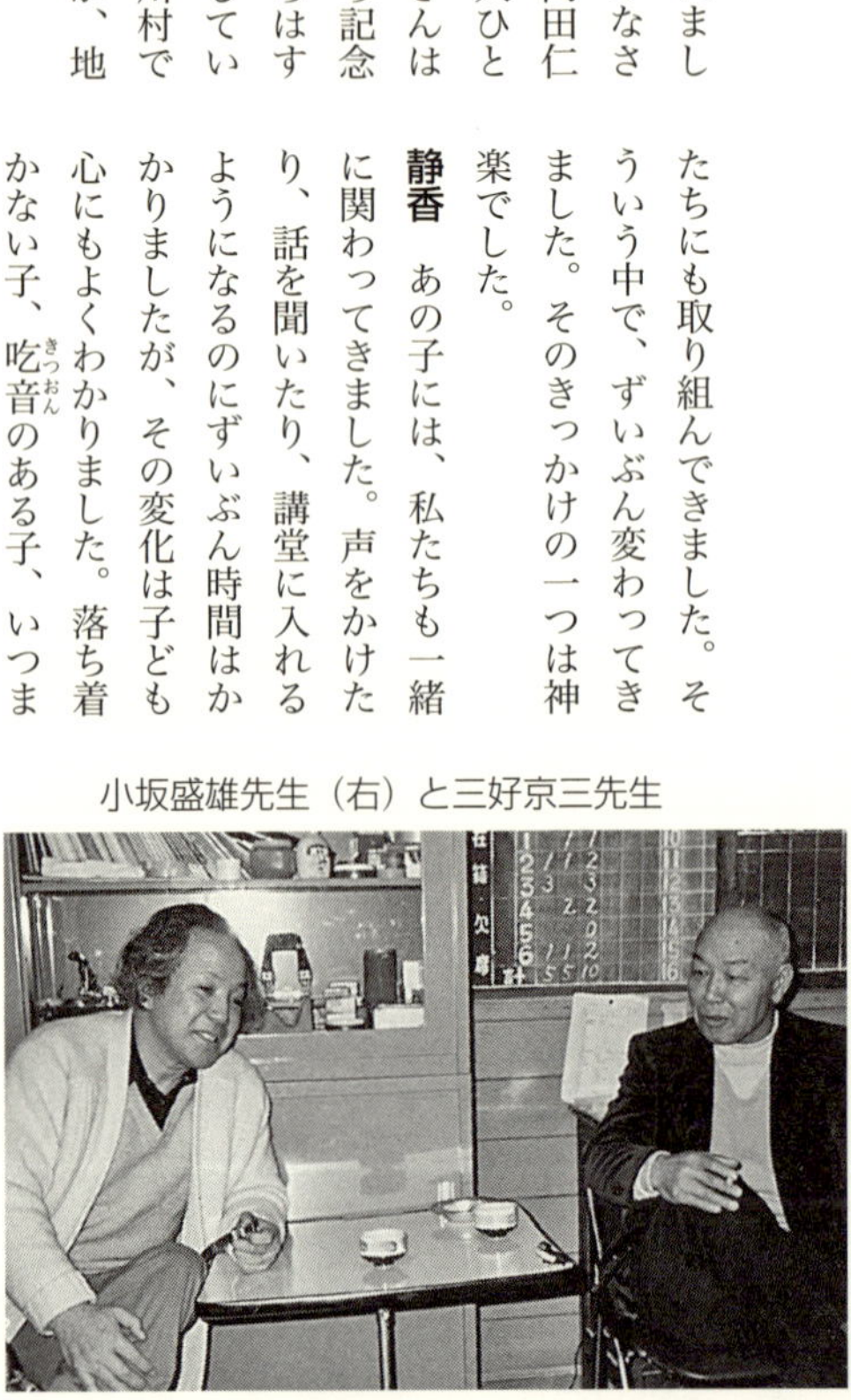

舞研主催の講習会二日目、桐朋小学校の体育館で暗唱し終わった時、会場が一瞬シーンと静まり返ったのをよく覚えています。拍手も忘れるくらいみんなは驚いたのだと思います。

静香　今、大きくなってみれば、最高の教育を受けてきたんだなと思いますが、当時は木綿子じゃないけど、「また先生、変な仕事引き受けてきて……」と思ったものです。そんな、みんなに感動してもらえるとは思っていませんでした。

青木　いや、本当にあの時は感動しました。だから拍手すらできなかったんです。子どもだから、当時はわからなくても当然ですよ。佐藤吉訓さんも今、保存会で活躍していますが、あの子もどちらかというと器用のほうでしたか。

ヤスマサ　そうですね。上級生よりも早く詩を覚えてしまうくらいですから。

民舞研とみかぐら

園田　今日は民舞研から古矢さんも来てくれているので、民舞研とみ神楽の出会いあたりについて少し話してもらえませんか。

古矢　昨日たまたま菅原啓芳（元世話人）さんのお宅を訪問しました。そうしたら娘さんの菅原吏世《りよ》さんがいたんです。ご親族にご不幸があって仙台から里帰りされていたようです。せっかくだからとお願いして、「ムジカ」のみかぐら講座で久しぶりに女み神楽を踊ってもらったんです。み神楽に出会ったことで、民舞研の活動が大きく変わりました。私たちも最初はわらび座の「みかぐら」でした。平野さんが、わらび座に一人で行って、ものすごく苦労して覚えてきてくれて、例会で私たちに伝えてくれたんです。その練習をしているうちに、み神楽のふるさとである大森分校出身の大学生が東京にいるらしいという情報をつかんだんです。それが菅原吏世さんでした。一人ですから、小坂先生の太鼓を録音したテープで踊ってもらったと思います。私たち民舞研は当時、わらび座の踊りが日本の踊りだと思い込んで実践していました。「みかぐら」だけでなく、「春駒」「ソーラン節」「さんさ踊り」など、わらび座から学んで練習しました。岩手出身の人からは「それはわらび座の踊りであって、日本の踊りとはちがう」と言われたことがありました。吏世さんの踊りを見て、その意味が初めてわかったのです。

園田　懐かしいですね。和光小にも来てもらったとき、私は経堂駅で迎えの役でした。農大通りの蕎麦《そば》屋さんで、胸をときめかせながら、吏世さんと二人でお昼を食べたことは楽しい思い出です。

古矢　私たちは、わらび座とはまったくちがうみ神楽に魅了され、地元に行ったら教えてもらえますかと相談しました。一九七九年八月に初めて大森に行きました。そこで初めて小坂盛雄

神楽の胴元、菅原啓芳さん

先生にも出会います。その太鼓を聴いて、また驚きました。それもまたわらび座で習ったものとはまったくちがうものでした。今までの和太鼓のイメージを大きく変えるような音色でした。三好京三さんがその時はいろいろと仲介してくれました。「小坂先生の言葉はフランス語だから、おれが通訳します」など言いながら、とても神楽好きで詳しいので「み神楽はもともとは三人でこうして踊るものだ」など、み神楽についての説明もわかりやすくしてくれました。もともとわらび座もここ大森で分校の子どもたちから習って、あの「みかぐら」を作ったと聞いています。民舞研は、わらび座を通して日本の芸能に出会わせてもらいましたが、大森分校で現地み神楽に出会ったことがきっかけで、中野七頭舞や今別荒馬など、その後は地元の保存会から直接学ぶというスタイルが確立されたのです。一九八二年再び大森を訪問しました。その時、運よくヤスマサ先生が分校に転任されていたんです。私たちは青木先生が言われたように、分校からみ神楽だけでなく、たくさんのことを学ぶことになりました。

園田　私はその再び大森に行った時からの参加です。

ヤスマサ　実は私も宮城教育大の中森先生と一緒にわらび座で民舞を習ったことがあります。そのときは秩父音頭とかそーらん節とかだったかな。とにかく翌日足腰が立たなかったことだけはよく覚えています。中森先生もわらび座で「みかぐら」も習っていて、大森分校でみ神楽に出会ってから、やはり大森み神楽を教えたいと考え、学生たちを連れてくるようになったのです。

静香　私たちも神楽だけでなく、平野先生から荒馬を教えてもらったり、ヤスマサ先生の指導で和太鼓やソーラン節もやりました。大学生にみ神楽を教えたりもしました。学芸会も地元の人より部外者が多くて、途中でブレーカーが飛んでしまうハプニングもありました。こんな経験のできる小学校は珍しいですよね。

青木　自分の身体を動かすことで、何を感じ、何を考えるか。人間は一人ひとり違うから、踊りも一人ひとりちがう。感じ方もちがうはずです。み神楽に限らず、民舞の指導ではそこを大切にしたいと考えてきました。地元の人と私たちとでは、生活習慣も違います。どれが正しい踊りなのかを追求してもそれほど意味のあるものとは思いません。地元の人たちがどんな思いで、どのように踊っているのか、私たちが東京で伝えようとするとき、大森み神楽はそういう思いを伝えやすい踊りです。そんなに頑張らないでいい踊りなんです。

再び神楽の伝承にかかわって

園田　静香さんたちが、大森で再び神楽の伝承に取り組むようになった経緯を教えてください。

静香　分校が閉校になったとき、地域の人が「神楽くらい残さねば、さみしくなるべ……」っていい始めたようです。私はその時は盛岡にいましたが。それで神楽保存会を立ち上げ、会長は菅原芳英さんでした。芳英さんは閉校時の最後のPTA会長でした。私が大森に帰ってきたら、即座にスカウトされて、木綿子もふくめて当時の若者たちが集められ、保存会の活動が始まりました。私は、家族も都会から移り住んできたこともありますが、自分のアイデンティティーがどこにあるのかわからなかったんです。ですから大森で神楽をやるということも、どうなのかと考えました。でも神楽をやることで、自分も見つめなおせるかもしれないと思い保存会に入りました。

一人ひとり強烈な個性の持ち主たちが踊り始めると、不思議な輪ができるんです。それぞれが呼応しているんです。そして一つの舞台になる。同じ型で踊っていても個が失われず、太鼓とカネと舞が一つになる。本番になると言葉にならない開放感が味わえる。それが神楽の楽しさだと思いました。いま自分は農業もやっていますが、自分で畑仕事をするようになって、神楽の意味もすこしわかってきたように思います。

青木　民俗芸能とはそういうものだと思います。民舞に取り組む人たちに、そんな思いを届けたいですね。自分自身の身体を自分がどう感じるかということ。現代の私たちの身体って、生活の中で外側から作っているところがあります。そこから中身が作られていると思いがちですが、それは反対です。まず中身が作られて、そこから身体の動きが生まれてくるんです。その中を作り出すのは生活です。腰を落とす指導のときは、農作業や船の上での漁の作業をイメージさせます。腰が安定しているからこそ、上半身での動きが自由になる。自由な身体を作ってはじめて自由な動きが生まれる。人間の生活の中にある自然な動きを忘れては本物の踊りはできないと思います。

園田　私たちは小坂先生とヤスマサ先生に出会えたことはとても貴重だったと今でも思っています。これからもこの大森み神楽を大事に子どもたちに伝えていきたいと考えていますが、保存会として何か要望などありますか。

静香　個人的なこととして聞いてください。私は今、奥州市のグリーンツー

大森分校内で、左からスガワラヤスマサ先生、中野七頭舞山本恒喜さん、後姿は千田先生

リズムの一環として、体験学習の受け入れもしています。子どもたちに農作業を体験してもらっています。まずどんな子も、この田舎の景色をみて喜びます。空気がきれい、水がおいしい、夜はまっくら、ネコがネズミをとっている、と驚く。都会の子どもほど土に触れる作業に夢中になる。そういう姿を見て、人間は本来土に触れて生きなければいけないのではないかと改めて思うようになりました。み神楽は土に根ざした芸能ですから、踊る子どもたちはできれば土に触れてほしいと思います。自分のアイデンティティーが持ちづらい現代社会にあって、自分たちの先人が作り上げてきた文化の本質に触れてほしいと思います。そうしないと、踊りをやっている意味がわからなくなると思います。

青木　土に根ざすということは大切です。今の子どもたちは足の裏の感覚が鈍くなっています。しかも底の厚い靴なんかをはいているから、宙に浮いているような生活です。それでは自分の身体を根付かせることはできません。

静香　この大森の集落もあとどのくらい続くかわかりません。もしもなくなってしまっても、いま大森み神楽を踊っている方たちが、大森でのことを心に留めながら続けてくれたらいいなと思います。

園田　すごく深い話を聞きました。他の踊りにもつながることだし、芸能を超えて、もっと人間の生き様に関わることですね。静香さんがこの大森で、こんなふうに考えられるように成長したことが、その地域で生きてきた証《あかし》ですね。いい話が聞けて、とても勉強になりました。ありがとうございました。

前列左からヤスマサ先生、青木さん、静香さん

二〇一四年一一月二四日　衣川荘にて実施

沖縄の伝統芸能

園田《そんだ》エイサー

園田青年会
（喜友名朝嗣、金城優輝、宮里洋一、玉城英輝、宮城結己、川満隆人、比嘉由典）
×
東田晃《とうだこう》　和光小学校教諭

園田は昔、原野になっていた所で、佐運田原《さうんだばる》と呼ばれていた。終戦後は、各地からの移住者が多くなって「園田」という地名になった。西里部落出身の人達で「西里エイサー」を始めるようになった。一九五九年からは西里出身者だけでなく園田区民も加わってエイサーをするようになり名称も西里青年会から園田青年会に改められた。この年から女性も加わるようになり会員数は一〇〇名を超えた。現在一般的にエイサーの衣装として知られるジュバン、ウチカケ、帯、脚絆というスタイルは、園田青年会が最初に生み出したものである。園田エイサーは西里エイサーの型を崩さずに現在に至っており、園田エイサーの歴史は西里エイサーの歴史とも言える。園田エイサーの特徴は、テンポの速い曲に合わせた大太鼓、小太鼓の力強いバチさばきと動き。男は勇ましく、女は優雅で柔軟な手踊りである。曲と曲の切れ間がないのも園田が生み出したものである。

（参考：「園田青年会」ホームページ
http://www.sonda-eisa.info/contents/history/）

自分と園田エイサー（趣旨説明と参加者の自己紹介）

園田　園田青年会には、和光小学校では毎年学習旅行で踊りを見せていただいていますし、卒業生の和光青年会も教えていただいています。また民舞研でも毎年学ぶ会にきていただいています。県外の子どもたちがエイサーを踊るということについて地元のみなさんがどんな思いをもっていらっしゃるのか、どんなことを期待するのか。またこれからエイサーというものはどのように発展していくのかというあたりをぜひお聞かせ願えたらと思っています。そういう中で、学校教育に民舞を取り入れていくということの意味を私たちも改めて考えていきたいということです。まず園田青年会と長く関わり、和光小学校でも園田エイサーを指導されてきた東田さんからお願いします。

東田　エイサーの場合は他と違うのは、「保存会」でなく「青年会」ということがありまして、今日は普段公民館で話しているようなこと、普段は話さないけれど考えてみるとそうかな？というようなことも含めてお話ししていただければと思っています。では、最初に自己紹介がてら、お名前といつごろからエイサーをやっているか、青年会・エイサーの中での役割をお話ししていただけますか。

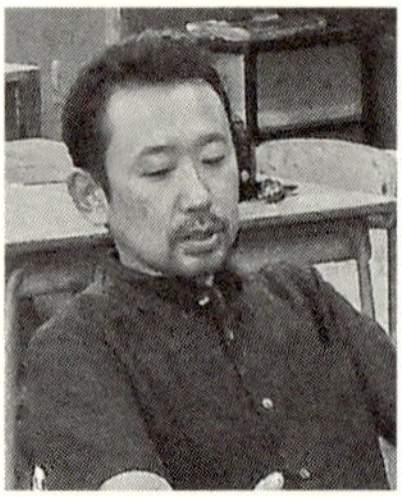
東田さん

宮里　宮里洋一《みやさとよういち》です。高一からやっています。子どものころから見ていました。自分が小学一年生のころが子ども会で初めてエイサーをやったころでした。青年会二五年目です。平成一三年（二〇〇一年）のとき、第二六代目会長でした。それまではずっと大太鼓をやっていて、その後地方《じかた》（三線《さんしん》弾き、歌）をやっています。今の時代と、自分たちの時代とはエイサーへの思いにはギャップがあるかもしれません。当時は全島エイサーとお盆しかなかった時代です。村廻りも、踊ってもほとんど観光客とか見る人はいなかった。地元の人だけ。今の「沖縄といえばエイサー」みたいな感じとは違うと思っていて、自分の会長時代あたりに一気にブレイクしたと思います。あの年は月に一回は内地に行ってた時代です。

喜友名　喜友名朝嗣《きゆなともつぐ》です。二八歳、園田青年会は高校三年から入って、一〇年目です。第三二代会長をさせてもらっています。青年会に入ったのは、園田エイサーをやりたいとは思っていたけれど、当時青年会に知り合いはいなかったので、ずっと園田にすんでいる自分のおばあに頼んで、近所だった洋一兄の家にお願いしに行ったら、ある日洋一兄と当時の会長が家に迎

えにきてくれて、それで入りました。おじいがエイサーやっていたので憧れて入りたいというのはありました。

東田　おじいがやっているのは見たことあるんですか？

喜友名　いや、見たことはないんですけど、その太鼓がうちにあって。当時の太鼓は大きくて重くて、腕がすごく痛くなったらしいんですけど。そういうのを見ていてそれで入りたいと。締太鼓を専門にやっています。

玉城　園田青年会八年目の玉城英輝《たまきひでき》です。小学校一年から子ども会に入っていました。中三まで子ども会で活動して、高一から青年会に入りました。一年目は手踊り、二年目から締太鼓、四年目から大太鼓も。役員三年目です。

宮城　園田青年会で役員・事務局をやっています宮城結己《みやぎゆうい》です。青年会に入ったのは高一の時で、友達つながりで入りました。最初は興味はなかったんですが、練習とかやっているうちに自分の気持ちがエイサーに入ってきた。沖縄の歴史に初めて触れたときだったと思います。

宮城さん

エイサーが好きで、生活の一つです。締太鼓をやっています。

川満　川満隆人《かわみつたかひと》です。自分は園田青年会八年目です。高二からやっていて、きっかけは同じ学校の人で園田の人がいて、誘われて。もともと出身は久保田という隣の地域で、子ども会は久保田でした。そこから中高と地元を離れていて、園田に入りました。特に「園田がすごい」からということではなくて、誘われて、です。今は大太鼓、締太鼓。どっちもやっています。どちらも教えられるようになりたいと。

金城　園田青年会九年目、副会長の金城優輝《きんじょうゆうき》です。小学校の頃少しだけ子ども会やって、部活をやっているころはやらないで、高校二年で部活終わってから入りました。村廻りとか見て、かっこいいと思っていました。お兄ちゃんがやっていて、それを見てかっこいいなと思ってやりはじめました。今は大太鼓をやっています。

比嘉　比嘉由典《ひがよしのり》です。締太鼓をやっています。青年会八年目で、今は役員、事務局をやっています。

比嘉さん

園田エイサーと民舞研、外の団体との関わり

園田　民舞研が最初に園田エイサーと関わりはじめたのは？

東田　最初は一九九〇年代、奥間会長（奥間政和さん）の時代だったようです。その後かじゅー兄（伊波正和さん）の時代あたりからどっと押しかけてきたんです。強烈な台風がきて村廻りができなかったのだけれど、強風の中、公民館のフェンスに「歓迎東京民舞研・荒馬座」って横断幕がかかっていました。村廻りはできないから公民館で延々演芸大会をやってもらって。

宮里　あのときはみんな来ているからっていって、台風なのに衣装付けてこの公民館の中で小さいエイサーまつりをやりました。

東田　私の関わりはそれからです。民舞研は東北の芸能とのつきあいが長いけど、沖縄にはエイサーってすごい踊りがあると。当時東京には沖縄県人会の金城吉春さんという方がやっていた「東京エイサーシンカ」というエイサー団体があり、民舞研はそこに習いにいっていたそうです（第一部六四頁参照）。地元のエイサーが見てみたい、直接教わりたいということで、平敷屋《へしきや》に行ったらしいですね。平敷屋のエイサーを最初習ったり、東京に呼んだこともあったそうですが、小学生にこれを教えるのは無理だ、難しすぎるとなったようで、それで園田に来るようになったということのようです。

来始めたころに、青木先生が子ども会の子の踊りをみて、「パーランクーがまるで締太鼓のように見えた」と。子どもがこんなにエイサーを踊れるんだ、すごいと言っていました。自分も子どもの踊りを見て感じた、というところは大きいです。また青年だけでこれだけのことをやっている、ということのすごさを当時来ていた人たちは私も含めて感じたと思います。これだけ青年会の組織が確立されていて、その青年が集まる「公民館」という場所があって、全部青年たちがやっているという、そういう形態の芸能は他にはなかなかないから。

園田　それで民舞研は園田青年会と出会って、教えてもらったんですか？

東田　最初は市川先生たちが来て習って、それから東京に来てもらったり、全国民舞協や日立のお祭りに来ていただいたりしていました。当時は荒馬座もエイサーの舞台化に取り組んでいて、いっしょに学ばせてもらっていたと思います。

園田　和光小学校が園田の踊りをやらせてもらったのはこの時期ですか？

東田　自分が和光小に入ったとき（一六年前）は、東京エイサーシンカのエイサーをやっていました。東京エイサーシンカのもいいけど、やっぱり地元のをやりたいという声が教員の中にあって、「実際に見てみないと」と台風の次の年にみんなで見に行きました。踊りの大太鼓のすごさと、締太鼓の華麗さと、女手踊りの声の大きさと綺麗さと。そして地方《じかた》がすごかった。最後に地方と踊りが公民館の庭で「対決」するんですが、それがすごくて。

和光では最初は仲順流《ちゅんじゅんなが》り（曲名）だけから始まって、マスゲームのようにやっていたのが、「道じゅねー（道を練り歩

くように踊る）」を見たもんだから「動かしてみたい」って言って、クラスごとに動かしてみるということも始まりました。
その後、卒業しても踊りたいという子がでてきて、和光青年会というものができたという流れです。

エイサーとはどんな芸能なのか？
……青年会活動とエイサー

園田　青年会のみなさんにとってエイサーにむかうエネルギーって、一体何なんでしょうか。

宮里　「エイサーだけ」ではない。「青年会活動の中のエイサー」だから。そこが「芸能の保存団体」という、「芸能を一番」にしているところとは違うと思う。それがあるから続けていけると思う。

東田　青年会活動ってエイサーだけじゃない、ってよく言われるんですが、具体的にはどんなことをされているんですか？

玉城　市青協（沖縄市青年団協議会）に加盟しているので、そこの提起するたとえば近隣の比謝川《ひじゃがわ》の清掃活動に参加したり、エイサー祭りのスタッフをしたり、自治会や老人クラブのお手伝いとか。

宮里　青年会が支えられているというのは自分たちが実感しているから、そこのお手伝いしたり。

川満　そうですね、青少年健全育成ということで毎月第三金曜日に「夜間パトロール」をやっています。地域の子どもたちを守るために。各青年会でもやっていると思うんですけど、園田も園田地区をまわっている。未成年の深夜徘徊《はいかい》とかを防ぐというか。

宮里　まわって声かけるのと、まったくかけないというのとでは全然違う。

川満　そこでちょっと勧誘したりもある。「おまえヒマだろ。そんなことして遊んでるなら、いっしょにエイサーしよう」みたいな。

踊りを教える中で感じること、考えること

東田　今もたくさんの人が教えてくださいって来るし、沖縄にも米須《こめす》青年会・安里《あさと》青年会と子や孫の青年会があり、東京にも桐朋（小学校、美《ちゅ》ら桐朋）、荒馬座、ほかにも全国各地につながりがあると思います。そのあたりで、外から教えてくださいと来た時に、どう思っているのかなと。

喜友名　初めて会ったときに、この人たちは本気でやる気があるのかなっていうのはあります。表面的にやろうとしているの

か、学校でやりたいということなのか、それは本気なのか。いろいろな話はあるんですけど、簡単には引き受けられないっていうのもあります。本当に園田をやりたいって思っているのか。自分たちの地元に来て習うっていう姿勢があるかどうかというのも思うんですけど。

東田　他所《よそ》には教えないっていう団体もあると思うんですが。

喜友名　エイサーまつりがコンクールだったときは、園田にもあったと思います。優勝するために隠した、とか。今はそういうことはないから。また昔は園田の住民だけでめちゃめちゃいっぱいいて、外部からの受け入れ自体していなかったというし。

喜友名さん

園田　他所の人や子どもたちと関わったり教えたりして感じることってありますか。

金城　民舞研に、初めて行ったんですが、何から教えていいかは戸惑った。教えているうちに、みんな一生懸命で。こちらも知っている限りのことを教えないといと思った。

園田　青年会の中での指導とは違いますか？

金城　違いますね。言葉の選び方が違う。説明したいけど言葉がでないというのもありましたけど。

園田　園田エイサーの指導という点では、何か指導法を確認していることはありますか。

玉城　最初は足踏みから。×（ばってん）を書いてその角々を踏むとか、バチの回し方とか。

園田　それは子どもに教えるときも変わらないですか。

玉城　子ども会に教えるときには、みんな弱く叩いているのを強く叩かせたり。二回、一回と叩くところだったり。

エイサーの魅力……なぜエイサーを踊るのか

東田　エイサーにのめりこんでいったのはどうして？

宮城　ちゃんと見たのは園田に入った時が初めてで、新鮮な、「なんだこれは」みたいな。だんだん踊っていくとできていくのが分かってきて、もっと頑張ろうという気になってきた。最初手踊りやって二年目の太鼓をもつというのがうれしくて。太鼓もって踊るのはいいなあと思っていたから、それでもっともっとやるようになった。

川満　自分の場合は仲間がいるからですかね。ひでき、ともき、つぐみ、よしのり。同期なんですけど、公民館が開いてなくても連絡一本で集まって。最初は学校の、「どんなかー」「今日サボってしまったさ」とか。そういうたわいもない話ができる仲間がいるという。自分は高校で沖縄市から那覇市に行っててしまったので地元に仲間が少なかったのもあって、そういう仲間が近くにいるからこそ今まで続いているかなと。エイサーももちろん好きですけど、仲間、同期、後輩もかわいいし。先輩に腹立つこともあるけど言い合える、近くにいる。この関係が好きですね。

園田　年齢的には決まりはあるんですか？　何歳までというような。

宮里　三五歳過ぎても頑張っている人もいる。情熱もってやる人ならいいと思っている。誘われて年齢いってからやる人もいるし。

園田　今、会員はどのくらいいるんですか？

玉城　ＯＢまで含めて八〇人から一〇〇人くらいです。

宮里　全島エイサーには集まるよね。

園田　一番のメインというか人が集まるのは全島エイサーですか？

宮里　そうですね。

東田　玉城さんはずっといたじゃないですか。子どもも会から。エイサーやめたいと思ったことはないですか。

玉城　やめたいと思ったことはないです。くやしいとか、面白くないとかはあったけど、やめたいと思ったことはない。「全島エイサーまつり」に出て、踊りで出て、締めで出て、大太鼓で出て、鳥肌が立った。快感になるんです。続けてよかった、一年のシーズンがそこで終わる、やっててよかったと思う。「道じゅねー」でもギャラリーがいて、この時だけスターになれるっていう。

玉城さん

喜友名　きれいに踊らなきゃいけないというプレッシャーは半端ないですけどね。この「全島エイサー」ではすごく見られているというのは感じる。ちゃんとやらないと、とは思う。

宮城　他の青年会見てきて、名が上がってきているとこもあって、そこに負けたくないと思っている。見ている人も「園田がいい」って言ってくれるし。お客さんを引っ張ってこられるようなエイサーをしたい。

川満　エイサーやっている時だけスターになれる、「俺を見ろ」みたいな。声も出すし足も上げるし。「全島」の大トリは、選ばれた青年会しかその舞台にたてないのでその思いはある。あの入場口から見る観客席はすごい。

旧盆村廻り、道じゅねーの意味

東田　園田青年会にとっては「全島」も重要だけど、やっぱり大事にしているのは「旧盆村廻り」なのではないかと思ってい

て、そこは入っていけない神聖な領域があるというか。たとえばエイサーの聖地といわれる園田二班（地区名、園田エイサー発祥の地といわれている）に入っていくときだけは地方も花笠《はながさ》をつける。園田の村内を回るとおばあちゃんがでてきたり、子どもたちにあったり。そこが大事にしているところなのではと思うんだけど。

宮里　夜中大きい音だして回って というのが堂々とできるでしょう。気持ちもあがる。それは単純に、火を見たら燃えるというような、「何かが出てる」ような気がする。普段、道で踊るなんてないわけだから。

喜友名　そういう壮快さはあります。地域の知っているおじいおばあがでてきて声かけてきてくれたり、「あれ喜友名のわらばー（子）だよ」とか話しているのを聞くとまたモチベーションあがりますね。あと会長をやって感じたのはお花（寄付）をあげてくれる方がいる。そこは「地元」ということをすごく感じるところです。

東田　旧盆道じゅねーはめっちゃ長いわけじゃないですか。休憩はあるにしても。大変なことだと思いますけど。

玉城　やっぱり先祖の方を一日目にお迎えして、三日目に送るという。それはみんな思っていると思う。

喜友名　家でウートートー（先祖を拝む行為）してから出ますけど、先祖のじいちゃんばあちゃんに「エイサーしてくるからねー」と言ったりしますね。

宮里　それは沖縄県の人にとっては特別な日だから。仕事していても、帰るとき「エイサー大変だねえ」とかやっていない人も声かかったりバックアップがあったりとか。

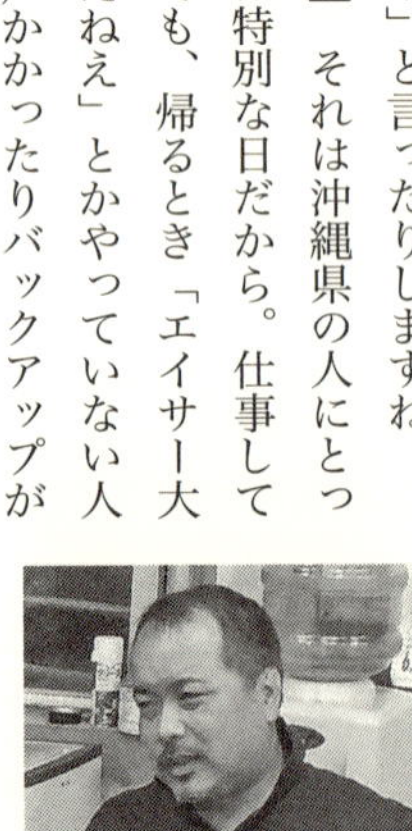
宮里さん

川満　エイサーの季節がきたみたいな。

玉城　出発するんだ、っていう。

園田　やはり地元の人たちはエイサーを楽しみにしているのですか？

宮里　それはやっぱりね。この辺の人は親戚とか呼んだり。

玉城　どこまわってるのーと聞かれたり。

喜友名　最初はめんどうだなとか思っていたこともあったけど、年々地域のおじいおばあとのコミュニケーションができてくると、エイサーはそういうためにやっているんだなって思いますね。

東田　変な質問だけど、お盆て、楽しみですか？

玉城　楽しみですよ。

宮里　自分のところでやるからね。

喜友名　踊るのは楽しいですよ。プレッシャーはありますけどね。

川満　怖さもあるけど。自分は一回救急車で運ばれていて……脱水症状でした。

金城　倒れたことはないけど、戻ってから打ち上げのときに足つってたりはしました。お盆はやっぱり特別。地域の方が夜遅くてもでてきてくれる。お盆の前の準備が、やっているときは心配なんだけど、やったあとは達成感があります。

金城さん

園田　園田青年会五七年ということですが、それだけ長くやってくると、踊りが変わってきたりとか、テンポが変わったりということが他ではよくあるんですが、どうですか？

喜友名　ありますね。型が変わってきているというのも言われていることではある。昔と今の踊りは違うと思う。ベースはいっしょだけれども、パワー型・きれいさ型でタイプも分かれるし。でも基本の形は変わらないところはありますけどね。

宮里　やっていると、崩れるという感覚ではないですけど、変わってはくる。だからたまーに統一しようと話したり。自分が入ってきたころと、今の踊りは違うと思います。

園田　そのときに「元の踊りに戻そう」ということと、「いや変わってきていいんだ」ということは両方あるんですか？

宮里　両方あります。進化している。

喜友名　今の踊りを全部もとに戻したらバラバラになるところもあるので。でも、基本を先輩から指摘を受けたら直したりもしていますけれども。

東田　曲数が増えていて、昔やっていた曲で無くなっているのもあるんですよね。衣装も変わったし、太鼓も昔は重かったとか。用具もスタイルも、そして人も変わる中で踊りは変わってきているというのはあるんではないでしょうか。でも、その中で……

宮里　……これは変わらないものがある。これが園田だという。

東田　指導の中で「言っていること」は変わらないという感じがしますけれど。

喜友名　基本のバチまわしとか、足のはこび、足あげとか。基本の（曲の）「仲順」を崩さなければ変わらないと思うんです。最低限の動きは変わらないという。

エイサーを学ぶ人たちに

園田　園田のエイサーを踊るなら、こういうことを考えて踊ってほしいというようなメッセージをいただけたらと。

喜友名　園田を踊るなら、やっぱり地元に来てほしい。公民館に旧盆に来るとか。全国で、ということでいえば、自治会の力が弱まっているというのを聞きますが、エイサーを通して地域の自然の温かさを取り戻してよくなっていってくれたらと思います。エイサーだけじゃなく子どもが近所のおばさんにあいさつしたりとか、地域が変化していくというくらい、コミュニティーを広げる役目をはたしてくれたらいいですね。

玉城　エイサーは、団体競技ですから、一致団結を合言葉に全力で踊るっていうのが、忘れちゃいけないことだと思います。一人でガツガツしてても周りがガツガツしてないと締まらないんで、みんなでガツガツすればいい演技になると思うんですね。一番大事なのは一致団結、そう思います。

川満　自分たちは口下手な部分もあるんですけど、エイサーに熱意を持ってやっているので、自分たちが踊っている隣でいっしょに踊ったら感じてくれるんじゃないかなと思うんです。「この人なんでこんなに声出してんのかな、バチ回しきついのに回してんのかな、こんなに一生懸命なのかな」って、難しいかもしれないけどそういうふうに感じてほしいです。

宮城　恥ずかしがらないで、堂々と。たとえば踊っててミスしたとしても周りでカバーするし、自分でもカバーできるような。踊りが小さくならないように。堂々と踊ることができるようになるといいと思います。

金城　やっていくからには楽しく元気良く、時には真剣に。真剣にというのは、踊りには個人差があってうまい下手もあると思うんですけど、一生懸命やれば必ず見ている人には伝わると思います。でも楽しんで踊ってほしい。

川満さん

川満　修学旅行のエイサーで、でーじ（とても）上手い奴がいた。こいつをみんなの前でほめたんですよ。そういう普段こんな大勢の前でほめられることってないと思うんですけど、ほめることで頑張ろう、と思うかもしれないと思っていて、みんなの前でほめる。これは大事にしています。

宮里　子どもたちに対してはみんなと同じような感じだけど、大人たちには、うちらは伝統を引き継いで守って育てあげているので、これからも続けていくっていうのであれば愛情持って育てていってほしい。本気で思ってほしい。そういつも思っています。園田もいい時期だけじゃなかった。悪い時期もあってそれをクリアして今に続いています。そういう思いも汲《く》んで、意識して愛情もって育ててほしい。

自分なんかはずっと保守的だった。外には教えたくないと。園田青年会のＣＤ作った時も一人だけ反対だった。「園田が園

田でなくなるんじゃないか」って不安だった。実際はそういうことはないんだけど、周りからの見方も気になったし。教えるようになったときに荒馬座なんかプロで本当に一生懸命だから、練習がだらけたときに先輩に「おまえなんかあっちから習ったほうがいいよ」って言われたこともありました。ちょっと園田が天狗になってた時期です。それから練習をしっかりするようになりました。

　練習終わりのミーティングもそのころ始めました。連絡だけじゃなくて練習のことも話すという。自分がやるだけじゃなくて見る側に役員がシフトしていかないといけないなって思って。それから考え方が変わってきて、「外から見られても恥ずかしくないように」って。荒馬座はずっと一日「仲順」をやってるとか、そういうとこに刺激をうけたのはあります。やっぱり園田のエイサーをやっているなら「ちゃんと」やってほしい。それはみんなに言えること。園田でも。

東田　園田と関わらせてもらって、一見オープンなんだけど、自分たちのエイサーをある種ストイックに守ってこられているんだなあということと、そこから習ってるいろいろな団体もあるけれど、ただ踊りだけでなく大事にしたほうがいいことを学ばせてもらえたらと思っているんです。

園田　東北の保存会の方からも同じような話を聞いたことがあります。教材用のCDやビデオがでて、保存会が大事にしていることとは離れて勝手に広まっていってしまうということがある。本当はそういうつもりじゃなかったんだけど……っていうことがあって。芸能の伝承というのは、踊りに魅力があって周りからも評価されてっていうときに、周りが勝手に動いてしまうっていうことがある。でも私たちは踊りって人から人、口から口に伝承されていくっていうことが大事だと思っているんですね。先ほどの川満さんの話で「感じてほしい」という話があったけど、一〇月にまた和光の子が来ますけれども、そういう直接の出会いがあって、「感じる」ことを大切にしてほしいと思っているんです。

これからのエイサーについて

東田　終わるのがもったいない感じですが、もう一つ、これからのエイサー、園田エイサーがどうなっていくのか、どうしていきたいのか、語っていただきたいのですが。大事にしていきたいこと、こういうふうにしていきたいということについて自由に話していただきたいと思います。

宮里　俺は一〇年経っても同じように村廻りして、みんなで最後に乾杯できることだと思います。これから先ずっと続いていくだろうし、続けていくんだろうなって思うんだけど。五年後とか一〇年後とかを見据えて若い人を指導していかないと。そういうスパンで考えていかないと、人も減っているというのもあって。

園田　若者は減っているんですか？

宮里　単純に周りが増えているということも。前は園田しかなかったけど今はたくさんあるし。青年会は「入るきっかけ」がないと入らない。やっぱり友達がいないと入らないから。本当は園田入りたいと思っていても友達がいるからっていって他所に引っ張られるというのもあるし。

金城　青年会はエイサーだけでないので、先輩たちから学校では学べない社会勉強、地域との付き合いもあるし、地域に貢献していく、協力しあってエイサーもできていると思うので。自分たちも勉強してあとにつなげきれたらと思う。園田という歴史ある名前に恥じない責任ある行動と、エイサーを続けていきたいと思います。

宮城　やっぱり他の青年会に負けないように。ほかの青年会からみても園田には勝てないなというような踊りを見せられるような。やっぱり園田が一番だねといわれるような団体にしていけたらと思います。

玉城　六月初興しがあって、練習が始まって、夏ずっと踊りを旧盆、全島と越えてきて今までやってきているんですけど、これがずっと続くように、園田青年会という名前と昔からの伝統を、先輩たちの伝統を背負って行きたいですね。エイサーもそうですけど社会勉強、地域の行事だったり、自治会行事だったりを大事にしつつ、エイサーも大事にしていきたいです。これから先も。

川満　自分も一〇年後二〇年後、全島や村廻りのあとみんなといっしょに酒が飲めればいいかな。

宮里　やっぱそうだよな。

川満　はい。やっぱここ、公民館。みんなの居場所を守りたいです。

比嘉　だいたいみんなが自分が思っていることを言っていたので、その通りです。自分がＯＢになってからも、あってほしい、存続してほしい。自分がＯＢになっても次の人をどうつくっていけるのかなと思っていて、頑張りたい。自分がおじいになっても園田があってほしい。

喜友名　どこにいっても園田って言われるのが無くならないように、やっぱり園田だよねって言われるようにしたい。おじい同士でも先輩後輩の関係があって、おじいになっても飲んでいる。その関係をずっとつなげていきたい。園田という青年会をなくさないことだと思う。この先永劫にあり続けるようなな。園田の魅力を絶やさないように。練習を絶やさない、見ている人を離さないような踊りをしていきたいと思います。自分が墓に入るときにもエイサーで送ってもらいたいなと。エイサーを通じての仲間もいるし、そういうあたたかい、家のような公民館をなくしちゃいけないなって思いますね。家みたいな。本当のホームです。

園田　若者の居場所としての青年会、そしてエイサー。それをどこよりも一番いいとみんなが思う気持ち、そして誇り。そんなエイサーに対する青年会のみなさんの真剣でまっすぐな思いに触れて、とても心が温かくなるようでした。素敵な話をたくさん聞かせていただき、ありがとうございました。これからのご活躍を期待しています。

二〇一四年九月一〇日　沖縄市園田公民館にて実施

第二部　卒業生インタビュー

「子どものとき、民俗舞踊に出会って」

佐川かえで・栗原厚裕・斉藤かいと・岡村祐介

この五十年近くの学校における民俗舞踊教育の中で、民舞大好きな子どもたちが育っていきました。和光小学校、和光鶴川小学校で民舞に出会い、その後も踊り続けている卒業生にその魅力を語ってもらいました。

「難攻不落」がその魅力

佐《さ》川《がわ》かえで

《プロフィール》
和光小学校一九八二年度卒業、現在和光鶴川小学校四年生父母、親和会サークル「民舞を楽しむ会」会員。和光小学校六年生の時、園田の指導で初めて「大森み神楽（以下み神楽）」に取り組んだ、いわば「和光み神楽一期生」。現在も親たちと民舞を楽しんでいる。二人の子も民舞が大好き。

初めてみ神楽に出会った時の印象

み神楽は、私が出会った初めての民族舞踊だったかもしれません。それまで運動会で踊ってきた民舞は「披露する」ために創られた民舞であって、「踊り継がれている」民舞ではなかったと聞きました。五年生まで踊っていた民舞とは違い、派手な動きも魅せる動きもないとてもシンプルなみ神楽は、簡単に「私の踊り」にはなってくれない、憎らしくも憧れる踊りだったんじゃないかと思います。

運動会のリーダーだったかえでさん（六年生）

踊りは、人よりちょっと得意だったかもしれません。覚えるのも踊るのにも苦労した記憶がありませんから。でも、み神楽は手順を覚えて再現できても、なかなかみ神楽そのものを踊れることはなかったんだな……と、今も思います。

み神楽の魅力って

み神楽の魅力……教えてほしいくらいです。小学校時代に踊った民舞の中で、唯一、どうやったらみ神楽を踊れるんだろう？　と謎のまま現在に至る踊りなんです、私にとって。小学校時代に私が巡り合えなかった、現在鶴小で踊られている民舞すべてに共通することなんですが、手順は追えても心が置いて

和光小で初めてのみ神楽を踊るかえでさん（前列右側）

行かれる踊りなんです。難攻不落？　当たり前なんですが、民舞はその土地に生きる人たちの歴史と想いが受け継がれ今後も進化しつつ踊り継がれるものなんだと思います。

私が大森分校に行かせていただいたのは、小学校を卒業してすぐの夏休みでした。卒業直前の運動会で大森み神楽を初めて披露する、という役目を担って、和光小学校で初めて大森み神楽を教えていただいて、ちょうど一年目くらいの時だったと思います。み神楽の伝わる土地へ一度お邪魔したくらいで、その想いを理解できるはずもないんです。そのせん（園田のことです）みたいに、何度も何度もその土地へお邪魔しないとね。でも、踊ることで、その土地の人たちの想いを感じることはできるのかなぁ、なんて、ずうずうしく考えたりします。そう考えられるのも、見ず知らずの東京から来た子どもでも一緒に大森分校でみ神楽を踊ることを許してくれた地元の方と出会えたからかもしれません。貴重で大切で、そして同じくらい衝撃を受けた体験でした。私の頃から、和光小学校の民舞が各学年で少しずつ位置づいていって、今は和光で民舞をやっていることは当たり前のことになりました。

小学校時代に子どもたちが民舞を学ぶこと

大人になると、「民舞を習う」という事をどうも難しくとらえてしまいがちなのかなぁと、この頃よく思います。手の角度はどう？　とか、体の向きはどう？　とか。その意味は？　なども考えちゃったりして。でも、肝心なのは踊っていて「楽しい！」ということなんですよね。それを、鶴小の秋まつりで子どもたちが踊る民舞からいつも学びます。まずはその踊りを踊っていて楽しいという気持ちが大切。その踊りが楽しくて大好きだから、地元の人たちの踊りの輪に加わることができ、地元の人にも加えていただくことができるのではないかと思います。踊りの意味や、手の角度、観客の目など、気にならない内から自分が楽しんで踊ることは、きっと将来、自分と違う文化を持った人たちを理解することができる人に繋《つな》がっていくと、私は信じています。なので、カッコなど気にせず楽しく踊れる年齢から民舞に触れることは素敵なことだと、私は思います。

父母のサークルで「大川平荒馬」を披露するかえでさん

大人にとっての民舞の魅力とは

民舞はまず踊れるために、踊りの手順を覚えなければならないのは絶対なのですが、ここがゴールでないところが、踊り続けたくなる一番の理由になるのかな……と思います。踊りが踊れるところからスタートして、どうやったら気持ちよく踊れるのか、どうやったらスムーズに踊れるのか、次から次へ出てくる課題が沢山あることも魅力ですが……最終的には、その踊りのお囃子《はやし》を目指したくなるのが不思議な魅力です。地元の方のしびれる踊りを拝見した時には必ずと言っていいほど、惚れてしまうお囃子が存在していて、その太鼓や笛のリズム・音色に夢中にさせられてしまうのです。が、聞くのとやるのでは大違い。同じ人間なので、踊りもお囃子も同じようにできると思うのだけれど、なにがどう違うのか。その〝違い〟を埋めてみたい！という気持ちが、同じ踊りを踊り続けていても終われない一つの原動力なのかもしれません。踊りを知っている人はもちろん、その踊りを知らない人でも、「踊ってみたい！」って思ってしまうようなお囃子ができたら、どんなに気持ちいいだろうか。ここが今一番、到達してみたい境地です。これを味わえないと、満足できないのかなぁ～なんて考えます。

一番好きな踊りは

サークルに入ってから出会った踊りなのですが、今は「黒川さんさ踊り」を習得することに夢中です。この踊りと出会って、五年生の時に踊った「都南《となん》さんさ」の踊りの意味？を知った踊りでした。最近になって、もう一度「都南さんさ」を踊る機会があって、改めて踊ってみると「都南さんさ」の動きの元が「黒川さんさ」であるといわれるのがとてもよくわかりました。逆に和光で「都南さんさ」を習った時に、当時の先生から動きの意味を教えてもらったのですが、その意味が「黒川さんさ」にもつながっているのでは？と思うと、難解な動きに思えていた踊りが流れるように動けるようになって、すごく楽しい！と思えてきました。太鼓や笛でお囃子をやっている人も同時に踊り手として参加するこの踊りは、自分一人で踊るのではなく、参加している全員のことに気を配りながら踊るところも、現代に足りないものを含んでいるように感じて、民俗舞踊の奥深さを感じました。

親として我が子の民舞

上の娘は幼稚園の時、鶴小の秋まつりで踊られていた「今別荒馬」に心奪われ、一人鶴小への進学を決心しました。二年生で「今別荒馬」を踊ってしまったら燃えつき症候群になってしまうのでは？　と思ってしまうほどの思い入れで踊っていたのを覚えています。でも、その二年生の荒馬を足がかりに、その後四年間で出会う踊りすべてに夢中になり、民舞を踊ることをたっぷりと楽しみ卒業しました。

逆に下の娘はあまり民舞への情熱がないのかなぁ、と思えるようなクールな態度だったのですが、三年生となった今年、北海道の阿寒湖を訪ねた時に、アイヌコタンにある劇場で地元の方に交じって堂々と踊っている姿を見た時はビックリしました。これがきっかけだったのか、三年生で踊る「寺崎のはねこ踊り」では踊りリーダーになるほどの夢中ぶり。すでに四年生が踊る「中野七頭舞」へ思いを馳《は》せています。

かえでさんの長女が踊る
「今別荒馬」

民舞の魅力

タイプの違う二人の娘ですが共通することは、二人とも先輩の踊りに憧れをもって学年を重ねていっていることです。目の前で繰り広げられる先輩たちの踊りは、いつの時も後輩の憧れなんですね。人が踊る踊りに感動して憧れられる、という事は、尊敬の念を持って人の踊りを観《み》ることができると思います。自分も踊って、その難しさがわかるから、地元の人・自分の先輩たちを敬うことができ、その謙虚な心をいろんな人たちにまた受け入れてもらうことで、自分もまた他人を受け入れることができる人間になっていくように思います。娘たちが、いろんな民舞の地元で保存会の方々に温かく受け入れてもらえた体験は、大人になっても大切な経験として残っていくと思います。

二〇一五年一月一三日実施

民舞が向こうからやってきた

栗《くり》原《はら》厚《あつ》裕《ひろ》

《プロフィール》
和光小学校一九八四年度卒。三線演奏家、指導者。東京民舞研会員。和光小学校五年生の時、園田の指導で初めて中野七頭舞に取り組んだ和光七頭舞一期生。現在は和光小学校、和光鶴川小学校で民舞を指導する一方、三線を指導しながら、子どもたちに沖縄の音楽の魅力を伝えている。

小学校時代の民舞との出会いと思い出

今から三〇年以上前になりました。民舞研に入ったのが二二歳ですから、それから二〇年ですね。和光小学校では、低学年で「かんちょろりん（福島県）」、中学年で「そうらん節（北海道）」に出会っています。出会いということで言えば、一年生から「民舞」に出会っていたわけです。

一年生から民舞はやっていましたが、心がどきどきと揺れ動いたのは、五年生の中野七頭舞の時ですね。当時は今のように「いちょうまつり」のような行事がなかったので、運動会で発表しました。踊りも魅力的でしたが、それよりも「この先生の踊りがいいなあ、この先生と踊りたい」という気持ちが強かったです。それが平野先生であり、園田先生でした。

それまで習っていた民舞とのちがい

今までは「またわり」とか、「こうしないといけない」と教わってきましたが、七頭舞を教えてもらった時、「どうしろ」「ああしろ」ではなく、園田先生はいつも僕の踊りをほめてくれました。仲間からも「じょうずだね」といわれました。それから変わりました。

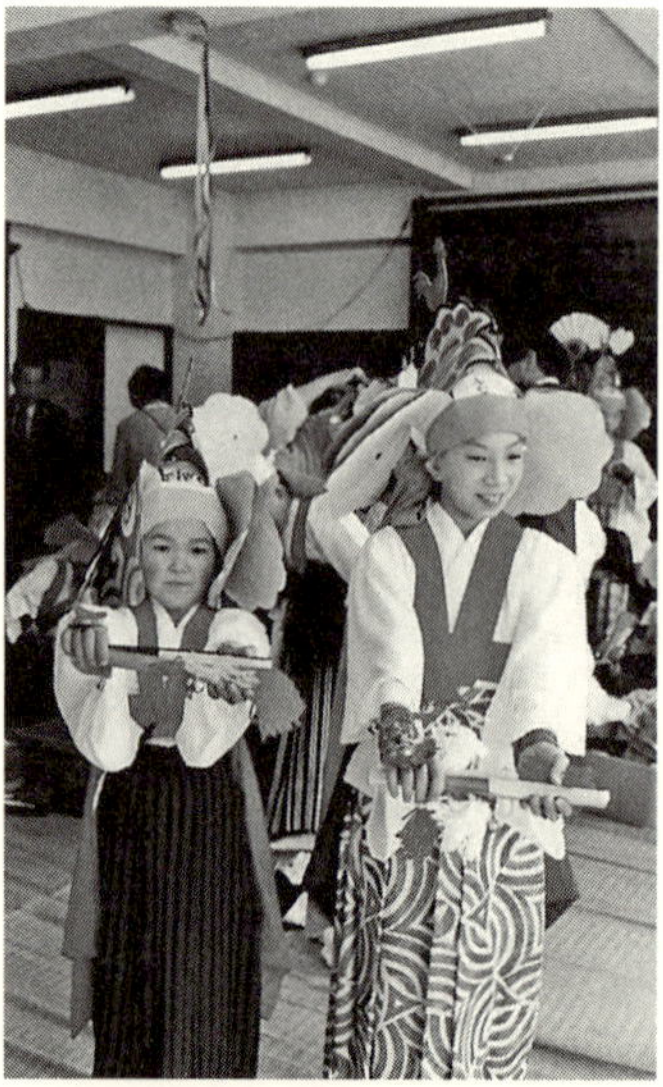

大森分校の子どもと一緒に衣装を着てみ神楽を踊る厚裕さん（六年生）

それまでの民舞は「お遊戯」とそれほど変わりませんでした。それが「神楽」という響きにひかれたのかもしれません。

夏休みに和光小学校に保存会の方たちが来てくれたことがあります。衣装を着て踊った姿はとても輝いていました。園田先生は僕たちをいろいろなイベントに連れて行って、そこで踊らせてくれました。そんな経験が僕の民舞に対する見方を変えたのだと思います。

中野七頭舞と大森み神楽《かぐら》

全校集会で道具別に中野七頭舞を発表したのを覚えています。また、運動会本番では、僕が七頭舞の太鼓をたたきました。おかげで大人になって現地講習会に初めて行ったときに、全部踊れる自分に驚きました。園田先生は、七頭舞の指導を全て「口拍子」で教えてくれました。自然にその言葉が自分の頭にしみ込んでいて、すぐにたたけるようになりました。

当時は一クラス四〇名の三クラスでした。一二〇人の学年練習を園田先生は一人で指導していました。体育館の舞台に一人で立って、口拍子も自分で言いながら、体育館いっぱいの一二〇名の五年生に教えている姿は忘れられません。

中野七頭舞は初めて民舞の魅力に出会った思い出の踊りですが、翌年の「大森み神楽」も忘れられない民舞です。何よりも和光小学校に大森分校が来た時、小坂先生の太鼓で分校の子どもたちと踊らせてもらったことはかけがえのない経験でした。園田先生のおかげです。僕の神楽への思いは今でも続いています。本当にありがたかったです。五年で中野七頭舞、六年で大森み神楽に出会いました。この二つは自分の中で今も大切な踊りです。

踊ることが好きになったのは

低学年、中学年時代は特に踊りは好きではありませんでした。自分が踊りでほめられたのは七頭舞に出会ってからです。だから「かんちょろりん」も「そうらん節」も行事だから仕方ないと、こなしているだけでした。さっきも話しましたが、五年生になっていろいろと新しい踊りを持ち込んでくるおもしろそうな先生、つまり園田先生に出会い、この先生と踊りたいなあと思うようになったのです。

僕の母の実家の地域にも芸能が保存されていて、母からよくその話を聞かせてもらいました。低学年や、中学年のときには意識しませんでしたが、五年生の中野七頭舞や六年生の大森み

舞台で「さんさ踊り」を踊る厚裕さん（五年生）

神楽で、初めて伝統芸能について考えるようになりました。母も家で僕が踊ったり、段ボールの太鼓をたたいたりしていると、芸能の立場からいろいろと助言してくれるようになりました。母は僕の踊りをよくほめてくれました。

園田先生や平野先生が誘ってくれて民舞研の講習会で保存会の方たちにも出会うようになりました。高学年になって僕の民舞の環境も大きく変わりました。

「民舞同好会」を立ち上げて

僕の仲間たちが和光中学校で「民舞同好会」を立ち上げて、太鼓をたたける僕に声をかけてくれたんです。平野先生も園田先生もいない中で、自分たちで自主的によく練習しました。でも一度大森神楽の「荒くずし舞」を練習するのに、園田先生に指導に来てもらったことがありました。文化祭で踊るときにも神楽太鼓持参で来てもらったり、園田先生は卒業してからもよく登場しました。

その踊りの好きな仲間たちのつながりの中で、大学を卒業して民舞研に関わるようになりました。その時、同じ世代の東田さんも活動していて、とてもいい刺激になりました。

エイサーの地方《じかた》（地謡《じうて》）として

一九九六年、中野七頭舞保存会結成二〇周年の集いが小本中《おもと》学校でありました。その中で民舞研はエイサーを踊ろうということになりました。当時、民舞研のメンバー数人が金城吉春さんにエイサーと三線を学んでいましたが、僕は、中学、高校時代にはベースギターや津軽三味線も練習していましたから、地方として白羽の矢が立ったのです。急きょ、僕も金城さんのところに習いに行きました。当時は三線がないので、青木先生が貸してくれました。「七月エイサーまちかんてぃ」「てんよー節」「唐船《とうしん》どーい」の三曲でしたが、一週間くらいで弾けるようになってしまいました。

金城さんは、僕がその三曲をマスターしたらもう来ないだろうと思っていたようです。でも僕はそのあとも通い続け、金城さんから学び続けました。それは今でも続いています。もし僕が「すみません、急いで三曲だけ教えてください」などと今頼まれたら、お断りすると思います。金城さんってなんて懐の深い人だったんだと今更ながら思います。

一九九六年に三線を始めて、和光鶴川小学校が六年生までそろう完成校になり、初めての六年生がエイサーに取り組んだのが翌年の一九九七年です。その年にエイサーシンカの曲を全てマスターしていました。当時は僕もエイサーシンカのメンバーの一員として、いろいろなイベントで三線を弾かせてもらいました。一九九六年から和光小でもエイサーの地方を担当していました。「七月エイサー」などです。和光小学校が園田エイサーを取り入れたのは一九九七年からだったと思います。

三線をやってきて

おかげでいろいろな人との出会いがありました。最初は、民舞研のメンバーからの指令でしたが。鶴小の完成年度、園田先生が高学年の「日本の楽器鉄人（クラブ的な活動）」で、僕を呼んでくれました。その中で三線が好きになった六年生が何人も生まれ、個人的に習いたいと弟子になってくれました。それからずっと和光小学校でも鶴川小学校でも子どもたちや父母たちが門下生になってくれています。

私にとって民舞とは

園田先生との出会い、大森分校との出会い、卒業してからも踊り続け、大人になってからも「衣川《ころもかわ》神楽まつり」に参加させてもらい、地元で胴を取らせて（太鼓をたたかせて）もらいました。あの時は僕のために、車を出してくれて平野先生、東田さん、山本さんの三人が交代で運転してくれました。ぜいたくな旅でした。

民舞とは生きる糧のような存在です。好きであるというより、自分の体に入ることにより、周りの人から背中を押してもらったり、いろいろな所に出番が用意されたり、なんか向こうからやってきた感じがします。和光に入れてもらって、民舞に出会えた。親に感謝です。今、和光の子どもたちに踊りを指導してきて二〇年になるけど、いつも話すのは小学生の時に自分が民舞に出会った時のことです。三線についても門下生がどんどん上手になって、僕を追い越していく。悔しいような、うれしいような複雑な気持ちですが、でもやってきて良かったと思います。

若い人はどんどん上手になっていきます。それでいいと思います。僕は、中野七頭舞の一期生であること、和光小学校が本格的に民俗舞踊に取り組み始めた時の子どもであることを誇りにしています。生きる糧とはそういう意味もあります。

厚裕さんが指導する鶴小の子どもたちと（町田エイサー祭り）

子どもたちに伝えたいこと

何かを好きになること、そうすれば僕のように向こうからやってくる。必ずしもそれが自分の好きなものではないかもしれない。そこに出会いがある。好きになることは素敵なことだと伝えたいですね。

二〇一四年一二月二六日実施

血が騒ぐ、心が騒ぐ

斉藤《さいとう》かいと

《プロフィール》

和光小学校一九九七年度卒、東京民舞研会員。和光小で民舞の魅力に出会い、現在和光小学校の教師として小学生に民舞を指導している。

民舞に出会って

和光小学校で六年間踊りを踊りました。一年生が若駒踊りとアイヌ、二年生が虎舞と今別荒馬《いまべつあらま》、三年生がはねこ、四年生が七頭舞《ななずまい》、五年生がみ神楽《かぐら》八番まで、六年生がエイサーでした。一番好きだったのは七頭舞です。ささらすりを踊りました。いちょうまつりの文集だったか何の文集だったかははっきり覚えていませんが、「民舞と私」という作文を書いた記憶があります。「民舞を踊るとからだがういてくる感じがする」といったようなことを書いていたような記憶があります。とにかくいちょうまつりが大好きで、踊りの期間が楽しくて楽しくてしょうがなかったです。終わると、悲しくて、一年の楽しみが終わってしまったような気持ちになっていました。

いろいろな先生の踊りの真似《まね》をしたりもしていました。踊りの練習をしていると、ふと平野先生が踊りに入ってくることがあって、それがとっても楽しかったのを覚えています。担任の先生が虎舞の太鼓を練習しているとき、ずっとその周りで踊っていたのも楽しかったです。上の学年の踊りにもすごく憧れていました。早くみ神楽の扇がまわしたくてしょうがなかったです。上級生の踊りがとってもかっこよかったことを覚えています。だれがどんな踊りをしているか、だれがかっこいいとか、よく見ていたと思います。いまでも踊りを覚えている上級生もいます。一番前で踊る踊りリーダーに憧れて、絶対全学年でやると決めていました。リーダー選びはみんなの前で踊って決めたりもしていました。

でも、エイサーだけは憧れなかったです。当時はまだエイサーをやり始めたばかりの時期で、上級生の踊りをみても、うまいなとかかっこいいなとか思わなかったです。当時のエイサーはみんな棒立ちで踊っていました。自分が六年生になったときも、なんで五年生までこんなかっこいい踊りを踊ってきて、こんなに難しいみ神楽まで踊れるようになったのに、どうして今年はエイサーなんだろうと、みんなで文句を言っていたような気がします。「みんなで気持ちをひとつにするのがエイサーだ」とたびたび言われていましたが、「気持ちをひとつにって言われても、踊りがかっこよくなくて、おもしろくなかったらどうしようもない」と思っていましたね。そう思うと、今、これだけ下級生が憧れる六年生のエイサーがあるということが、すごいことだと思います。そして、上級生の踊りを見て憧れることがどんなに大切かがわかります。

民舞にこだわって

卒業して民舞ができなくなるのは本当に悲しかったです。当時は「わらび座」が有名で「子どものわらび座はないのか」なんて言っていましたね。結局、小学校を卒業してから和光青年会（和光の卒業生で組織しているエイサー団体）に入るまでは、民舞は続けていませんでした。学校で民舞を踊る機会もなかったですし、学校外にもそういう場はありませんでした。友達と遊んだり毎日が楽しくて、そうした場があったとしてもやっていなかったかもしれませんね。

それでも、和光高校で舞踊研究という授業をとって、鬼剣舞《おにけんばい》を踊ったり、韓国に行って舞踊の学校で現地の生徒たちや先生から踊りをおしえてもらったときは本当に楽しくて、民舞への熱が湧き上がってきたような感じでした。東京世田谷区千歳烏山の区民会館の前で「らふてーず（和光小学校の教師たちで作ったエイサー団体）」がエイサーを踊っているのを見て「なにこれずるいじゃん。私もやりたい！」と思い、「踊りたいんですけど」といったのですが断られました。悔しかったですね。今は、和光青

「寺崎はねこ踊り」を踊るかいとさん（三年生）

教師になって子どもたちと再び「寺崎はねこ踊り」を踊るかいとさん

年会でエイサーをたくさん踊る場があって本当にうれしいです。

民舞の魅力

私にとって「民舞の魅力は」と聞かれると、自分でもよくわからないというのが正直なところです。「楽しいから好き」「楽しいから踊る」それだけです。一日中踊っていられたら幸せだなと思います。太鼓やお囃子《はやし》の音がなると、わくわくせずにはいられないです。頭で考えて好きというより、血が騒ぐ、共鳴するといった感じでしょうか。あとは、祭りでみんなの心や気持ちが渦を巻いて空に上がっていくようなあの感じが好きです。

「園田（そんだ）エイサー」との関わりについて

現在は、和光青年会で園田のエイサー（女手踊り）を踊らせてもらっていますが、これまでにも言ったように、エイサーに興味があったわけではありませんでした。和光青年会の太鼓を見たときは、かっこいいな、やりたいなと思ったりもしましたが、女手踊りへの憧れはありませんでした。太鼓が主役で、手踊りはおまけというイメージをもっていたのですね。友達に誘われて中野のタコライスという団体でエイサーを教えてもらった時に、とても素敵な踊りをされる女性がいて、そこではじめて「手踊りってかっこいい」って思いました。

和光青年会で園田エイサーを踊るかいとさん

和光小学校の教員になってから和光青年会に入って、東京ドームで初めて園田青年会の踊りを見ました。でも、そのときは大きな感動はありませんでした。園田青年会がよくなかったということではなく、エイサーの「うまい」「すごい」がなんなのかよくわかっていなかったのだと思います。直接現地に行ってみないと魅力はわからないと思い、旧盆に沖縄市の園田に行きました。ものすごく緊張しながら練習にまぜてもらいました。旧盆の「道じゅねー」でやかんで水くばりをしながらついて歩いて、間近で踊り手の息づかいや想いを感じることができました。公民館での最後の踊りのときに後ろについて踊らせてもらったときは感動しました。

それでもやっぱり一番「おもしろい」「かっこいい」と思ったのは翌年の「道じゅねー」でいっしょに踊らせてもらったと

きでした。私はエイサーのファンだったわけでもなかったので、見て感動したというよりは、いっしょに踊って感動した、すごさがわかった、ということだったと思います。踊りながら園田の細い筋道を下っていくと、目の前に満月がきれいに光って見えました。そこにはエイサーを見にたくさんの人はいませんでしたが、踊りは途切れることなく進んでいきました。「あー誰も見ていないけど踊るんだ」と、とても感動したのを覚えています。誰のため、何のために青年会の人たちがエイサーを踊っているのか、改めて考えさせられました。

園田青年会でいっしょに踊らせてもらえたことは、今思い出しても鳥肌が立つくらい、私にとってはすごいことでした。でも、私の踊るところは園田ではなくて和光なのだとも同時に思いました。園田の人は園田の地域のために踊っていました。私は東京の和光の人です。どれほど園田に憧れても、いっしょに踊らせてもらって楽しくても、私が踊る場所は和光青年会なんだと思っています。

踊ってみて思ったことは、「園田の手踊りは最高だ」ということ。そして「園田の手踊りは最高にかっこいい」ということです。昨年の旧盆に園田を見に来ていた和光小学校の六年生の女の子が「女手踊りってこんなにかっこいいんだ。はじめてわかった」と言っていました。「かっこいい手踊り」、そこが何より好きです。

園田以外にもたくさんエイサーはありますし、どのエイサーが一番だと思うかは人それぞれです。でも踊っている園田の人たちが「園田が一番」と思っているということが大事なことだと思います。自分たちのエイサーが一番好きと思えることが素敵だと思います。和光青年会もそうなっていきたいです。

小学生が民舞に出会うことの意味について

私の場合、「指導」しているというより、好きなことを伝えるためにいっしょに踊っているという方があっている気がします。「楽しい」ってことをいっしょに感じてほしいと思っています。「先生、アイヌの踊りしよ！」って休み時間に言ってくる子どもたちといっしょに踊ったり、「ちょっと踊りたいから歌ってて！」って言われて歌ったりすることがあります。踊りの好きな人同士で踊る時間は本当に楽しいです。六年生にエイサーの手踊りを教えていると、みんな楽しそうで何度でも踊っています。踊りのうまい下手ではなくてずっと踊っているというのが好きです。通りかかった人が踊りに加わってどんどん人数が増えていったり、一年生が踊っているところに六年生がきて踊ったり、みんな踊りが好きなんだなと思います。

二年生が美術で荒馬の絵を描いたときのことです。ある男の子が、自分と組んで踊った相手が「四つとび」のところを踊っている場面を絵に描いていました。子どもの名前はぜんぜん思い出せないというのに、その踊りの絵が、とてもよくその子の特徴を捉えていて驚きました。相手をよく見て、感じて踊っていたのですね。相手と踊ること、誰かと踊ることを楽しみながら、相手を感じて、でもその先には自分の全力がある。太鼓も、踊りも、笛も、参加する全員の全力や気持ちがひとつになるときの気持ちよさってすばらしいなと思っています。お互いが全力を引き出しあっているあの感じがとても好きです。

自分が踊っていて楽しいから

いつまでも子どもといっしょに楽しく踊っていたいですね。いっしょに踊る、そういうことを大切にしたいです。現代の社会では、いろんな情報へのアクセスが簡単になっていて、体験もバーチャルでできてしまう。喜びも、悲しみも、楽しみも、痛みも、怖さもそういうことがどんどんバーチャルになっていってしまう気がしています。想像する力を育てるためにも、いろいろなことや、気持ちを体験することがとても大切だと思っています。だからこそ、意味とか理屈ではなくて、感じることや、感覚とか、いっしょにやって楽しいってことが大事なんじゃないかなと思っています。

二〇一五年一月一二日実施

民舞は人と人とをつなぐもの

岡村祐介《おかむらゆうすけ》

《プロフィール》
和光鶴川小学校二〇〇一年度卒、小学校で民舞の魅力に出会い、高校卒業後は沖縄の大学に進学、與那覇徹に師事。琉球古典音楽野村流音楽協会教師。琉球音楽全友會與那覇徹琉球音楽研究所、沖縄市園田青年会に所属。現在は和光小学校の教師として子どもたちに民舞を指導している。

小学校時代の民舞の思い出

低学年の踊りはあまり記憶にありませんが、三年生の「寺崎はねこ踊り」が私の中の分岐点だったと思います。「いっとうちょん、にーとうちょん」という踊りの始めの部分をいかに綺麗に見せるかということに夢中になっていました。扇の軌道や角度など、よく鏡の前で研究したものです。それから「民舞」というものが私の中でとても大きな存在になりました。勉強や運動はクラスの人について行くのがやっとでしたが、民舞は工夫して自分なりに表現することができるからです。毎年民舞の授業が始まると、園田先生の踊りを手本にまずひたすら研究します。この踊りのポイントは何なのかを自分なりに分析するのです。その過程がとても楽しかったですね。ちょっと工夫するだけでこんなに踊りが変わるのかとびっくりしました。そのうち仲の良い友達もいっしょにやるようになって、ああでもないこうでもないといいながらよく踊りました。

振り返ってみるとそうやっていっしょに研究した友達や、踊る姿で子どもを引きつける園田先生のような教師の存在はとても大事だったと思います。「民舞」は文字通り「民の踊り」ですから、通常は村などの共同体の中で祭りを中心に受け継がれてきたものです。そこにはベテランの厳しいおじさんがいたり、かっこ良く踊る若い先輩がいたり、もちろんそれに憧れる少年もいたはずです。先輩に憧れて踊りを習い、自分のものとして仲間と祭りで踊り、次の世代へ受け継いでいく。この共同体の流れが、「伝える会」「授業」「祭り」「伝える会」という和光の学習の流れの中で再現されていたように思います。毎年祭りで感じていた高揚感や上級生の踊りを見て夢中になる理由の一端はここにあるのかもしれません。つまり民舞を体育の一単元として捉えるのではなくて、学校という共同体の文化として味わっていたのだと思います。

鶴小エイサーを踊る祐介さん（六年生）

エイサーの魅力とは

踊りに関して一言で言うと「協調の美」です。一人ひとりの踊り、太鼓の音、バチの流れ、足踏み、フェーシ（かけ声）、三線《さんしん》の音　歌、そして気持ち。これらがピタリと重なったときが、エイサーの最も魅力的なシーンだと思います。見る側も踊る側もとても充実した気持ちになる瞬間です。み神楽《かぐら》などとは正反対でエネルギーをどんどん外へ放出するタイプの踊りですから、演舞していてとても気持ちが良いことも魅力です。またエイサーには「スケールの大きさ」という魅力もあると思います。現在沖縄はもちろん、関東にも数多くのエイサー団体があります。特に沖縄ではまだ地区ごとにエイサーを踊る青年会がありますので、その数は数え切れません。

園田青年会へ

私は園田青年会に所属していましたが、北には胡屋《ごや》青年会、南には久保田青年会、信号を渡れば中の町青年会、山里青年会と、「エイサーの町」沖縄市のまさに激戦区でした。そしてそ

園田青年会でエイサーを踊る祐介さん

の青年会それぞれが「俺達の踊りが一番上等だ」と張り合って譲らないのです。もちろん振り付けが異なるので単純に比較することは出来ませんが、どの団体もこだわりを持ってピシっと踊りを合わせてきます。全島エイサーまつりなどの大きなエイサー祭りはどの青年会もプライドをかけて踊っていました。エイサーという一つの民舞を通して大勢の人がつながり、張り合う、そのスケールの大きさがエイサーの一番の魅力かもしれません。

　音楽もエイサーの大きな魅力です。エイサーの音楽は、実はどれもただの「民謡」なのです。エイサーのために作られた音楽というものはあまりありません。従って、エイサーの地謡はほとんど「民謡歌手」だと私は考えています。事実、園田青年会が右肩上がりに発展していった時代の地謡は、有名な民謡歌手が務めていました。私も現在は地謡を担当していますが、とても奥が深くて面白いのです。民謡として人々に聴かせる「歌唱力」と踊り手をコントロールする「統括力」が求められます。どちらか一方は持っていても、その両方を持っている地謡はそう多くないと思います。このような視点でエイサーを「聴きに行く」のも面白いかもしれません。「伝統芸能」というと私は「静止」している印象があります。受け継がれて来たものを正確に後世へ継承していくというイメージです。しかしエイサーは全く止まっていません。常に他島（他の地区）には負けまいと稽古し、工夫しています。「伝統芸能」という側面を持ちながら今なお「前進」し続けている民舞だと思います。

沖縄民謡の魅力とは

　私は、古典音楽は與那覇《よなは》徹《とおる》に師事して学びましたが、民謡はほとんど独学です。従ってまず古典音楽についてお話させていただきます。沖縄が昔琉球という国だった頃、小さな島国が生き延びるために日本や中国などの国と貿易を盛んに行ってきました。他国との関係を築く中で冊封使《さっぽうし》などの客人をもてなすために琉球でも宮廷音楽が発展し、それが今日の「琉球古典音楽」になっています。もちろん琉球舞踊も同じように発展しました。琉球古典音楽の中の野村流という流派に所属しています。「古典音楽」という響きから連想されるように、曲はとてもスローです。琉球の定型詩は「八八八六」ですから、計三〇文字の歌詞を、短いもので三分ほど、長いもので二〇分ほどの曲に乗せて歌います。入門したての頃は国立劇場でいびきをかいて寝るくらい退屈でした。今だから言えますが稽古中に正座しながらコックリコックリしたこともあります。それがだんだんウチナーグチを理解するに連れて視界が開けていったのです。琉球文学は大和文学の影響を大きく受けていますから、少し頑張ればすぐ読解できます。歌詞が理解できればもう私にとってはポップスの曲と変わらないくらい親しみをもつことができました。昔の沖縄の人はこういうふうにものを見ていたのか、同じものを見ても彼らはこんな言葉で表現できるのかと様々な歌詞を読んではドキドキしていました。古典音楽の歌詞、つまり琉球の文学の世界が沖縄の音楽の最大の魅力ですね。

師匠の與那覇徹さんと

　もちろん音楽的にも素晴らしいです。琉球古典音楽で使用する楽器は三線、太鼓、笛、琴、胡弓ですが、ただ合奏するだけではなくそれぞれに役割があるのです。メインとなるのは歌・三線で、そこに三線のメロディーを補完する琴が入り、笛と胡弓は歌のメロディーを演奏して歌を支えます。全体のリズムをとるのは太鼓です。西洋のクラシックに引けをとらないほど、味わい深い音楽だと思います。

　詩の世界が味わえると民謡の世界も一気に身近に感じることができました。古典音楽の曲は一節しか歌わないのですが、民謡は曲によって何節も歌います。一つの曲に三〇文字の琉歌の歌詞が三節も四節もあったりするのです。一節で表現しなければならない古典音楽に比べて、複数節を使用できる民謡では表現の幅が一気に広がります。土地褒めの歌や恋愛の歌、教訓歌など様々な歌を読み、歌いました。加えて民謡ではメロディーも自由になりますので、演奏のテクニックも魅力です。

　沖縄に移住したての頃、あちらこちらで民謡の達人を見つけて興奮していました。同じ曲を歌っても、歌詞や演奏法が人によってバラバラです。CDを出したり舞台に出たりしている人が上手なのは当たり前ですが、工事現場のおじーたちが仕事終わりに聞かせてくれる民謡もこれまた格別です。演奏人口が多く、それぞれに味がある、そんな奥深さが民謡の魅力だと思います。

小学校で民舞に出会うことについて

　今年は和光小学校と和光鶴川小学校に「りんけんバンド」の照屋《てるや》林賢《りんけん》さんをお迎えして六年生に講話をしていただきました。そのとき林賢さんのお話のなかに「自分たちの根っこにあ

和光青年会で地方を担当する祐介さん

る音楽を大切にしたい」という言葉がありました。それを聞いて、小学校で子どもたちが日本の各地の踊りと出会うことは「自分たちの根っこの芸能や文化を大切にする」ということにつながるのではないかと考えました。

いま子どもたちの周りにはパソコンやスマートフォンなど、世界とつながるツールがたくさんあります。インターネットを介して世界中の音楽やダンスがとても身近な存在となっている時代です。だからこそ「自分たちの根っこ」という部分を幼少期にしっかりと触れておく必要があると思います。踊ることを通して地域・日本を見つめ、自分たちの文化として味わってほしいです。

またつい先日、和光小学校で「沖縄を伝える会」がありました。六年生が一年間学んだことを親や五年生に伝える会です。会ではエイサーを伝える場面もあったのですが、そのときの六年生の様子が印象深く残っています。私としては「どうやって教えるの？　何を教えるの？」と聞かれることを覚悟していましたが、そんなことを聞いてくる児童は一人もいませんでした。それぞれが踊りを自分のものとし「ここはこうやって足上げるんだよ」「手の位置はこれくらいがカッコいいよ」と、自分のこだわりを一生懸命伝えていました。さらに指笛を教える子や私の隣で地謡をする子までおり、とても驚きました。いちようまつりまでは無我夢中で踊りぬきましたが、いつの間にか子どもたちのなかに自信を持って伝えられる文化として位置づいていたのだなと感じました。

民舞は人と人とをつなぐものです。古くから地域の祭りは神への祈りや五穀豊穣など色々に理由をつけて行われてきましたが、同時に共同体の結束の再確認という役割も持っていたと言われています。これは学校の中でも生かせると考えています。運動や勉強と違って民舞は他人と比べて優劣をつけることはありません。みんなで一つの踊りを共有するのです。仲間と踊ることのできる喜びを大切に子どもたちと踊っていきたいです。

二〇一四年一二月二七日実施

あとがき〜平野正美さんと出会って

踊りの指導をする平野正美さん（和光小いちょうまつり）

この本の中にたびたび登場する元和光小学校教諭の平野正美《ひらのまさみ》さん。民舞研の仲間であり、和光学園の同僚であり、尊敬する先輩教師でした。この人との出会いなしにこの本は完成しなかったと思います。感謝の気持ちをこめて彼を紹介することで、「あとがき」に代えたいと思います。

平野正美さん、一九四九年横浜市生まれ。横浜国立大学を卒業後、一九七三年、東京都小学校教員として採用され、病虚弱児の子どもたちが寮生活を送る新宿区立箱根岡田高原学園の担任として赴任します。ここで平野さんは、「身も心もかたく閉ざした子どもたち」に出会います。この子どもたちの心と体を開くために様々な実践を試行します。その中で手ごたえをつかんだのが民舞でした。特に自閉傾向のM子と登校拒否児のE子が民舞の中で変わっていったことが平野さんの民舞教育の原点になり、また障がい児教育に関心を広げるきっかけになりました。

一九七七年、平野さんは新宿区立落合第一小学校に異動します。

この年から一九七四年に入会した東京民舞研の事務局を務め、機関誌『民族舞踊と教育』（当初は『民舞研ニュース』）の担当となります。私はこの落合第一小時代に平野さんと出会います。出会った時の平野さんは、しなやかに、楽しげに、しかもダイナミックに踊る方でした。性格は穏やかで、意志は強いものを持ち、子どもの前ではぱっと表情が明るくなる不思議な人でした。当時私は和光学園で出会った民舞の指導に疑問を持っていましたが、平野さんはそういう私の話をじっくり聞き取ってくれて、自分の考えを軟らかに伝えてくれました。私は平野さんの話と民舞研の現地取材を通して、おぼろげながらも民舞教育について自分なりの考えを持つようになりました。

一九八二年、平野さんは公立小学校を退職し、私が勤めていた和光学園和光小学校に赴任します。その時私は六年担任、平野さんは五年担任でした。平野さんは自分の教室に、アップライトピアノや大小の太鼓と踊りの道具などをたくさん持ち込んできました。そして、子どもたちとうたを歌ったり、リズムをやったり、グループごとに踊りの座を編成して自主公演をしたりと、初年度から活発に動き始めました。和光は、やりたいことを思い切ってやらせてくれる学園でした。私とも民舞や行事について語り合う時間が増えました。この本に書いたように、六年生ではじめて「大森み神楽」を実践できたのも、翌年の五年生で「中野七頭舞」の実践ができたのも、平野さんが背中を押してくれたからです。

三年後から、しばらく私は高学年で「大森み神楽」と「中野七頭舞」の実践を積み上げていきます。その間、平野さんは低学年で「荒馬」「アイヌの踊り」「虎舞」「若駒踊り（荒馬座が舞台用に構成した創作舞踊）」を次々に教材化し実践してきました。その後二人で「寺崎はねこ踊り」「エイサー」の教材化を進め、和光小学校、和光鶴川小学校の各学年の民舞を定着させてきました。運動会の「団体演技」の一つでしかなかった民

子どもたちと共にアイヌの踊りを踊る（同前）

舞は、体育のカリキュラムと、秋の最大行事「和光小いちょうまつり（鶴小秋まつり）」の「踊りの広場」のプログラムとして、学校の中での位置を確立したのです。とくに平野さんは「アイヌの踊り（アイヌ古式舞踊）」に大きな関心と実践にエネルギーをそそぎ、道外の学校に「アイヌの文化」の授業を位置づけた先駆者となりました。

平野さんは、民舞の他に、音楽教育、障がい児教育、国語教育にも熱心に取り組み、独身時代が長かったせいか、休みといえば研究会や取材で全国を駆け回っていました。自分が目立つことを嫌い、誰かが喜んでいる姿を見ることが大好きで、同僚や仲間から常に信頼され、大切にされ、尊敬されていました。私は平野さんが時には命を削るように働いている姿を見て、人生を生き急いではいないかと心配していました。

そうした中で、一九九九年結婚され、同時に男児が誕生したことは、わが事のようにうれしいことでした。それ以降、平野さんが毎回のように投稿する民舞研の機関誌の文章ががらっと変わりました。息子さんの成長と民舞について語るようになったのです。また休みの日は家族と過ごしたり、民舞研の例会も休むことができるようになりました。やっと平野さんも穏やかで幸せな人生がスタートしたとだれもが喜んだものでした。

当時私は和光鶴川小学校の副校長。平野さんも和光小学校の副校長になっていました。和光学園の副校長は最も多忙な職種です。授業も持ちながら、児童募集の責任者で、父母のいろいろな相談にも対応し、対外的な仕事もたくさんありました。クラスが安定しないと授業を代わったり、副担任になったりしてクラス指導もします。学園の各種会議にも参加します。学校通信の発行、父母向け講話も行います。この大変さは本人でないとわかりません。私と平野さんは、長く民舞研の仲間であり、同僚でもありましたが、同じ副校長としてお互いの慰労で飲みながら語り合うことも増えました。

息子さんは、自宅に近い和光鶴川小学校に入学しました。平野さんは多忙な中でも、よく学級親和会（PTA）にも顔を出しました。自分の子もクラスの友達のこともとても愛していました。運動会や秋まつりにも必ず参加し、大きな声援を送っていました。しかし、副校長としての平野さんはこの重責で年々心身を疲弊させているようでした。

二〇〇八年一〇月の鶴小秋まつり。息子さんは三年生になり「寺崎はねこ踊り」を見事に踊りきっていました。踊る姿はお父さんが乗り移ったような動きでした。お囃子《はやし》に参加していた私の後ろに平野さんは座っていました。まつりが終わったところで「園田さん、最近足がしびれるんだ」と言いました。数日後、平野さんは緊急入院、そして頭部の手術をすることになり、休職することになりました。二〇〇九年度、私は平野さんの後任の副校長として和光小学校に異動しました。お見舞いのたびに「平野さんが戻ってくるまでがんばるから、しっかりなおして」と声をかけてきました。しかし、平野さんの容体は悪くなる一方でした。二〇〇九年七月九日、平野さんはついに力尽き、鬼籍に入られました。享年六〇歳。日本の民俗舞踊教育の中心を担って

今別荒馬祭りに参加して（前列右、後列左端は著者、２００８年）

きた大きな存在が失われました。

二〇〇九年一〇月 八日、和光小学校で「平野先生を送る会、偲ぶ会」が行われました。その日に向けて冊子『舞い学び、踊り育つ～平野正美さんの仕事』を作製しました。平野さんが戻ってくるまでと思って引き受けた和光小学校副校長の仕事でしたが、結果的に私は平野さんを送ることになったのです。

この冊子の売り上げを「平野正美民族舞踊教育基金」としてストックし、平野さんの遺志を受け継ぎ、翌年から「平野正美記念民族舞踊の集い」を行うことにしました。平野さんと関わりの深い保存会を命日に近い七月にお呼びして、子ども向けの講習会を行うことにしたのです。一回目は中野七頭舞保存会。二回目は梁川《やながわ》金津《かなつ》流《りゅう》鹿踊《ししおどり》保存会。三回目は大森神楽保存会。四回目は寺崎はねこ踊り保存会。五回目は今別荒馬保存会。二〇一四年の第五回を最後に、この集いも終わることになりました。

平野さんがいれば、この本はきっと平野さんがまとめてくれたと思います。これをまとめるのにふさわしい人です。この本の写真には、民舞を愛した故・黒木啓カメラマンと和光鶴川小学校の子どもたちを長く撮り続けてくれた故・萱野勝美カメラマンの写真も使わせていただきました。空の向こうで三人はこの本を見て笑ってくれていることでしょう。

二〇一五年　七月九日（平野正美さんの命日に）

園田洋一

この本の出版にご協力いただいた方々（敬称略、順不同）

杉本一朗、田村千春、石川義人、小川惠、青野真澄、竹田孝宏、橋本紗弥、米田梢、下鳥孝、入沢雅代、和田仁、高橋かおり、大野裕一、熊谷礼子、池田元、上野善弘、大野雅代、成田寛、中井孝之、加川博道、園田美保子、植林恭明、和光鶴川小学校事務室一同、飯髙良子、衛藤直子、星野美紀子、師岡正美、佐藤可奈子、荒馬座、中森孜郎、長瀬初美、安藤久美子、板倉香子、上田由美子、臼井有紀子、薄葉愛、江崎和代、大木美知子、岡村裕介、金泉裕子、小池恭代、斉藤由香、駿河由知、田中典子、平山司、古井康子、前浜恭子、牧野友美、真野雅章、吉田羊子、祝亜紀、守屋みさこ、斉木可奈子、中山三恵子、町田弘子、古賀アヤ子、四谷悦子、前山長子、西川一枝、平野容子、菅原恭正、田井宗子、仲野敦子、古泉陽子、渡辺裕子、大和田亜子、栗澤文惠、藤原富貴恵、森陽子、園田航生、藤井千津子、斉藤かいと、東田晃、古矢比佐子、ムジカ音楽・教育・文化研究所、佐川円、山野井美紀、川口ゆり子、ボーマン里江子、鈴木明子、今野美樹、金子順子、上橋歩、リンクバルド佳奈子、山崎真紀子、野呂則子、原田由紀子、吉田操、林智子、金坂さやか、丹澤玲子、山下淳子、中島志麻、福田さやか、福田文男、足立民舞サークル、田口美枝、戸田麻紀、村田朋美、青木峰子、岡村章代、瀧田和子、園田朝子、佐川かえで、油井治文、保志史子、佐々木一、群馬民舞研・西川圭一、富士国際旅行社・太田正一、菊地よしえ、野口明子、貝森弘子、田中裕里、渡辺秀子、猿谷ひでみ、山口薫、三浦理香、有賀優美、遠藤牧子、中野七頭舞保存会、国井節子、鵜飼千絵、前田智子、渡辺信幸、船津尚子、久保村聡子、すぎのこ保育園、小松義直

また、この本の制作に関わって、保存会との座談会やテープ起こし、文書校正、写真提供などに東京民舞研の青木峰子さん、古矢比佐子さん、藤井千津子さん、東田晃さん、北多摩民舞研ダガスコの星野美紀子さん、埼玉・いなほ保育園の北原和子さんに大変お世話になりました。重ねて御礼を申し上げます。

園田洋一（そのだ　よういち）

1954年、福島県生まれ。北海道教育大学卒業。東京民族舞踊教育研究会会員。現在、和光鶴川幼稚園・和光鶴川小学校校園長

出典……次の書籍を参考、引用させていただきました。

『民舞の子～教育に日本の踊りを～』　小野寺澄子　岩手出版

『体育の授業・日本の踊り』　村瀬幸浩　編著　民衆社

『分校日記』　三好京三　文春文庫

『分校ものがたり～山の子どもたちと14年～』　三好京三　本の森

『天とぶ鳥が羽をのすよに』　スガワラヤスマサ　あゆみ出版

『舞い学び、踊り育つ～平野正美さんの仕事～』　平野先生を送る会実行委員会

『英伸三〈教育〉写真集～潮風の季節～和光中学校の教育記録』　丸木政臣　民衆社

『和光小学校の教育２　運動会・青部林間学校』和光小学校

『大森の灯よ　衣川村立衣川小学校大森分校閉校記念誌』大森分校閉校実行委員会

映画「子育てごっこ」パンフレット　五月社・俳優座映画放送

映画「分校日記　イーハトーブの赤い屋根」パンフレット　映画センター全国会議

民舞《みんぶ》に恋《こい》して～民俗舞踊《みんぞくぶよう》を子《こ》どもたちに～

2015年８月１日　初　版

著　者　園　田　洋　一

編　者　東京民族舞踊教育研究会

発行者　田　所　　稔

郵便番号　151-0051　東京都渋谷区千駄ヶ谷４－25－６

発行所　株式会社　新日本出版社

電話　03（3423）8402（営業）

03（3423）9323（編集）

info@shinnihon-net.co.jp

www.shinnihon-net.co.jp

振替番号　00130-0-13681

印刷・製本　光陽メディア

落丁・乱丁がありましたらおとりかえいたします。

ISBN978-4-406-05925-1　C0037　Printed in Japan